Al-Munjiz
Advanced Business Arabic

# Al-Munjiz

## Advanced Business Arabic

المنجز في اللغة العربية لإدارة الأعمال
للمستويات المتقدمة

**Mohssen Esseesy**

GEORGETOWN UNIVERSITY PRESS / WASHINGTON, DC

Library of Congress Cataloging-in-Publication Data

Names: Esseesy, Mohssen, author.
Title: Al-Munjiz : Advanced Business Arabic / Mohssen Esseesy.
Description: Washington, DC : Georgetown University Press, 2019.
Identifiers: LCCN 2019020190 | ISBN 9781626166820 (pbk. : alk.
   paper)
Subjects: LCSH: Arabic language–Business Arabic. | Arabic language–
   Textbooks for foreign speakers–English. | Business etiquette–Arab
   countries. | Business communication–Arab countries.
Classification: LCC PJ6307 .E87 2019 | DDC 492.782/42102465–dc23
LC record available at https://lccn.loc.gov/2019020190

21 20      9 8 7 6 5 4 3 2   First printing

Printed in the United States of America.
Cover design by Jeremy John Parker.
Cover image courtesy of iStock (credit:JohnnyGreig).

# Contents

## الوحدة الثالثة: الوقود والطاقة          ٤٩

## الوحدة الرابعة: الصيرفة الإسلامية          ٦٧

# Acknowledgments

I wish to thank all my students in business Arabic classes since the course was first introduced at George Washington University (GWU) in 2008. Each successive student cohort that interacted with the course material has undoubtedly contributed immensely to its refinement and pedagogical improvement.

Many individuals provided support in various forms since work started on this book, not all of whom can be acknowledged here. Nevertheless, I thank Imelda Dunlop, the Executive Director at the Pearl Initiative, for granting permission to include sections of the Arabic version of the Pearl Initiative's report on governance of family-owned business in the Gulf Cooperation Council (GCC) in the unit on employment. Special thanks also to Emeritus Economics Professor Ibrahim Oweiss of Georgetown University for his generosity with time and for sharing his expertise on the idea of a common Arab currency during the on-camera interview.

Many thanks and appreciation also to my colleague Richard Robin, Professor of Russian at GWU, who recorded and edited my video interview with Professor Oweiss. Many thanks also to Zainab Jones of Inspire Oman for facilitating contact with business leaders, researchers, and entrepreneurs to interview while in Muscat during my 2017 summer research trip to Oman.

I also am grateful to Dr. Adnan Al-Jawareen for granting permission to include his published article on immigration and employment policies in the GCC in the employment unit in this book. Similarly, I am thankful for Mr. Kareem Sakka and Dr. Enass Khansa of Raseef22 for granting me permission to use an article on Islamic banks for the unit on Islamic banking. I thank US-Qatar Business Council's President, Ambassador Patrick N. Theros, and the Marketing & Research Manager, Max McGee, for their efforts toward identifying and contacting appropriate business executives in Doha for on-camera interviews for this book. I am grateful for Mr. Ashraf Abu Issa of Abu Issa Holding for an insightful on-camera interview in Doha, Qatar, about family-owned business and governance strategies for companies in the GCC.

Special thanks and credit also to John Lillywhite of Al Bawaba and to Al Bawaba for granting permission to include in this book their web article on the rise of Islamic banks worldwide to 800 in 2015. I also thank Mr. Khaled Abdullah Al Khoori, the Executive President of Qatar International Islamic Bank and Acting CEO of Qatar First Bank (QFB), for the recorded discussion on Islamic banks and their contribution to state and world economies. I wish to record my thanks to Mr. Ahmed Ali Al-Mukhaini for the extended video-recorded interview in Muscat on the issuance of a common Arab currency in the GCC; labor force, including expatriate workers in the GCC, and the Kafaala system; Dr. Adham Turki Al Said at The Firm consulting company in Muscat for the on-camera interview on the state of governance of family-owned businesses in Oman; Mr. Raed Mohammed Dawood, Director of Government Relations & Corporate Affairs in Muscat for the on-camera interview on e-commerce. Dr. Mohammed Gamil Arafa Montasser, Assistant Professor of Hotel Management and Marketing at Oman Tourism College (OTC) in Muscat, Oman, deserves many thanks for a very informative recorded discussion at OTC and the wealth of information he shared on the state of tourism in Oman and the GCC.

I also am grateful to my colleague Dr. Amin Bonnah for proofreading an earlier full draft of the book manuscript. Keegan Terek's proofreading, formatting suggestions, and editing comments were very helpful in the review of the penultimate version of the book proofs. I am grateful for the time, effort, and insightful comments he offered. It should be noted that any errors in this book are exclusively mine.

This book benefitted from the financial support of notable GWU entities. The small grants I received from the Center for International Business Education and Research (GW-CIBER) supported the development of earlier drafts of the business Arabic course material, which formed the basis for this book. CIBER travel funds enabled me to travel to the United Arab Emirates to record interviews with business CEOs there. I am grateful to the Institute for Middle East Studies (IMES) at the Elliott School for International Affairs (ESIA) for the financial support they have provided for expenses related to the development of the complete manuscript. I also wish to record my thanks to the Columbian College of Arts and Sciences at GWU for granting me travel funds that enabled me to record interviews with researchers and business executives in Oman and Qatar. The GW University Facilitating Fund (UFF) has helped me complete the final draft of the manuscript to be ready for production.

# Preface

This content-based textbook is intended to enable nonnative students of Arabic to further develop and elevate their emerging advanced-level proficiency in Arabic in the business domain. The adopted approach in this book is informed by the most recent research on language acquisition and teaching language for specific purposes. The approach is resolutely learner-centered. It aims to equip learners with the critical tools to develop autonomy and confidence as they assume a more active role in their Arabic learning. The instructional material has been carefully selected and organized in six self-contained modules which will be of high interest to a broad spectrum of learners of Arabic. The four core principles that guided the selection of the instructional materials are:

(1) Challenging and contemporary reading material that is both authentic and author-created that is on par with published works in each business domain.

(2) Stimulating and meaningful instructional activities that closely simulate real life business challenges that learners are likely to encounter in their professional workplace.

(3) Increasing learners' efficiency and autonomy though guided research activities and projects that use the language tools and (re)constructed knowledge from content they discover in order to fulfill certain purposeful required tasks.

(4) Enhancing the analytical abilities of learners through problem solving by presenting them with challenging issues in the case study of each module. Successful handling of case study content and fulfilling the required tasks should demonstrate the learners' mastery over content and confidence in their language abilities to successfully complete the business-focused tasks.

It should be noted throughout this book that Arabic learners are offered not only language and idiomatic and formulaic business-related expressions but also the conventions and norms of the Arab business profession. The combined approach, material, and activities provide the learner with an opportunity to evaluate data, analyze competing factors, and make decisions that approximate skills that business professionals operating in the workplace in Arabic-speaking countries need. Each learner benefits from this careful integration of Arabic language with content instruction for a long-lasting outcome and a linguistically and professionally rewarding practice, especially for the learners considering future careers in international business.

It should be immediately obvious to instructors and students that the language variety used throughout this book is Modern Standard Arabic (MSA). The choice of that variety, instead of a mix of MSA and spoken vernacular, is premised on the fact that the specialized texts in business and economics domains are typically written in MSA. As well, the research-based tasks in this book almost always require reading of MSA sources, and the recorded interviews with economists, researchers, and business executives are mostly in MSA. Beyond this book, students aspiring to work in the business field as consultants or managers will find themselves operating in a culturally and linguistically more formal environment than in other domains. These expectations notwithstanding, it is the author's firm belief that spoken Arabic dialects should be used alongside MSA inside the classroom and elsewhere. Therefore, instructors and students are encouraged to make space for use of a mix of MSA and spoken vernacular in their class activities, discussions, and debates.

# Introduction

This textbook has been classroom-tested for several years at the George Washington University. It also is informed by the most recent leading research in second language acquisition, particularly within the domain of language for specific purposes, as well as case study research in business administration.

This volume includes six self-contained individual modules that can be taught in any sequence. This distinctive feature permits the course instructor and students to select the modules that are of most interest to them and their particular pedagogical and professional needs. Course instructors may wish to survey students at the beginning of the academic term to solicit their input on the modules that best meet their needs and match their interests.

The material in this volume is intended for learners who have completed at least five semesters of Arabic or the equivalent of twenty credits spanning beginning to advanced levels in a standard university-level program. It has been my experience teaching this material in my business Arabic class that for a three-credit course in a typical fifteen-week semester, three modules can be realistically and properly completed. Hence, the six modules can be fully covered in a two-course sequence with a combined total of six upper-division credits.

Each module roughly follows a recognizable standard structure that integrates reading, writing, speaking, listening, and culture. Each of the four language skills are clearly marked in the sections of the module. Meaningful activities within each module include: guided data gathering and research, preparation of specific reports on a business topic, and solving problems similar to those that might be encountered in professional settings. At the end of each module, these activities culminate in a challenging business case project based on content closely related to the module's central theme. The case projects challenge learners to present a well-reasoned solution to an issue within the scope of the module's business theme through both presentations to peers in class and written submissions to the course instructor. Activities are structured for both individual and group work . Each module also concludes with a list of additional resources for research, which is primarily intended to provide learners interested in the topic at hand with additional reading resources for more content related to the module in question. These suggested readings may be consulted for research related to the module overall or the case study.

The handy Arabic-English and English-Arabic glossaries of 222 specialized business terms and 219 expressions respectively, should provide students and teachers alike with a quick tool for searching expressions and topics in this volume whenever needed.

To enhance students' learning of business Arabic, I recorded video interviews with business professionals around the world on key topics within the book. Activities within the book that require students to watch these videos are marked with this icon: . The videos in particular are closely aligned with the content of each module and often provide a prelude to the case study. Teachers may wish to integrate the videos in a different way, as well. All of the videos can be found via the Georgetown University Press website.

Each recorded video contains the viewpoints of one or more business experts on the issues discussed in the module. The primary language variety used in the videos is Modern Standard Arabic. Unfamiliar and technical Arabic vocabulary used in the videos is explained in the textbook through simpler or less complicated Arabic synonyms and examples. Learners are expected to familiarize themselves with the new business terms and to take notes while watching the videos. The primary aim of the video activities is not necessarily deciphering each video word for word, but rather apprehending its main idea or viewpoint and some supporting details and examples from the discourse. In other words, the learner assumes an active and engaged listening role during video viewing. It is preferable that the videos be viewed at home and class time be reserved for discussion and debate of the video content. It is also advisable that students watch each video more than once, with a specific goal (e.g., comprehending the main idea, identifying supporting details) for each viewing. This way learners can train their auditory system to adjust to the pace, accent, and tone of the speakers in each video, as well as focus on the content of the video.

# ١

## الوحدة الأولى

# جغرافية الأعمال التجارية

### أهداف الوحدة الدراسية

سنتعلم في هذه الوحدة عن:

- الموقع الجغرافي للدول العربية ومناطقها الزمنية والعُملات النقدية بها وقيمتها مقابل العملات الدولية
- أسواق تداول العملات (الفوركس) وأنواع معاملاتها والعوامل التي تؤثر على حركتها
- قراءة وفهم بعض أنواع الرسوم البيانية واستخداماتها
- دراسة حالة: مشروع إصدار عملة عربية موحدة وتقييم أبعاده ومدى واقعية تنفيذه

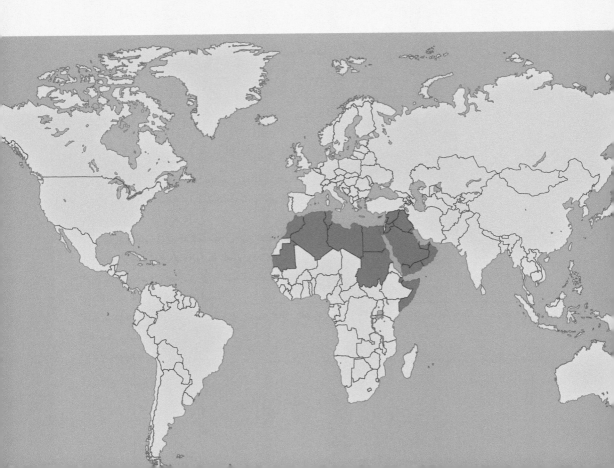

## استحضار معلومات

اكتب/ي الإجابة على الأسئلة التالية بناء على معلوماتك عن جغرافية الأعمال التجارية.

١. ماذا تعرف/ين عن الموقع الجغرافي للدول العربية؟

٢. ماذا تعرف/ين عن التجارة بين الدول العربية؟

٣. كيف تؤثر الجغرافية على النشاط التجاري للدول؟

## القراءة ١

### تمرين ١: إلقاء نظرة عامة على النص

ألق/ي نظرة سريعة على عنوان النص، والخريطة فيه والفقرتين الأولى والأخيرة والحقائق الرقمية في النص ثم أجب/أجيبي على الأسئلة التالية:

١. ما علاقة الموقع الجغرافي بالنشاط التجاري؟

٢. ماذا تبين الخريطة وما علاقتها بعنوان النص؟

٣. ما الموضوع الذي تتناوله المقالة؟

### تمرين ٢: الحقائق الناقصة

من خلال النظرة السريعة، ابحث/ي في النص عن الحقائق الناقصة في الجمل التالية.

١. عدد الدول الأعضاء في جامعة الدول العربية حاليا ـــــــــــــــــــــــــ

٢. المناطق الزمنية في العالم العربي ـــــــــــــــــــــــــ

٣. أيام العطلة الأسبوعية في المنطقة العربية ـــــــــــــــــــــــــ

٤. عدد سكان مصر ـــــــــــــــــــــــــ والبحرين ـــــــــــــــــــــــــ

### تمرين ٣: تعبيرات هامة في السياق النصي

اقرأوا الجمل التالية وحاولوا تخمين معاني الكلمات التي تحتها خط من خلال جذور الكلمات ونمطها وسياق الجمل ثم حاولوا استبدال تلك المفردات بمرادفات (كلمات أو عبارات لها نفس المعنى تقريبا).

١. "الرابط المشترك لتلك الدول هي اللغة العربية"
التعبير المرادف لـ "الرابط المشترك": ـــــــــــــــــــــــــ

٢. "تتباين الدول العربية في أنظمة حُكمها"
التعبير المرادف لـ "تتباين": ـــــــــــــــــــــــــ

٣. "منطقة عُمان في أقصى الشرق تسبق باقي الدول في الجزيرة العربية بساعة وهذه المنطقة بدورها تسبق دول شمال إفريقيا."
التعبير المرادف لـ "تسبق": ـــــــــــــــــــــــــ

٤. "وتحصر التعامل والتواصل بين العرب العاملين في مجال الأعمال التجارية مع نظرائهم في دول العالم الأخرى إلى ثلاثة أيام أسبوعيا."

التعبير المرادف لـ "تحصر": ________________________________

التعبير المرادف لـ "نظرائهم": ________________________________

٥. "فبينما مصر يسكنها ما يقرب من مائة مليون نسمة فإن البحرين يقطنها ما يزيد عن مليون ونصف معظمهم عُمّال وافدون غير بحرينيين."

التعبير المرادف لـ "نسمة": ________________________________

التعبير المرادف لـ "يقطنها": ________________________________

النص

## جغرافية الأعمال التجارية

تقع دول العالم العربي في قارتي آسيا وإفريقيا وبالتحديد في غرب آسيا وشمال إفريقيا. يحد المنطقة العربية الخليج من الشرق والمحيط الهندي من الجنوب والبحر المتوسط في الشمال والمحيط الأطلسي من الغرب. وطبقا لجامعة الدول العربية هناك ٢٢ دولة أعضاء في تلك المنظمة التي تأسست في عام ١٩٤٥ عقب الحرب العالمية الثانية. على المستوى الرسمي الرابط المشترك لتلك الدول هي اللغة العربية والتي تعتبر اللغة الرسمية لكل منها ولكن في بعض الحالات نجد لغات أخرى إلى جانب العربية. وتتباين الدول العربية في أنظمة حكمها بين جمهوريات (مثل مصر، ولبنان، واليمن) وممالك (مثل الأردن والمغرب، والسعودية) وإمارات (مثل قطر والكويت) وسلطنة (عُمان). كما وتتباين أيضا تلك الدول في عدد سكانها فبينما مصر يسكنها ما يقرب من مائة مليون نسمة فإن البحرين يقطنها ما يزيد عن مليون ونصف معظمهم عُمّال وافدون غير بحرينيين.

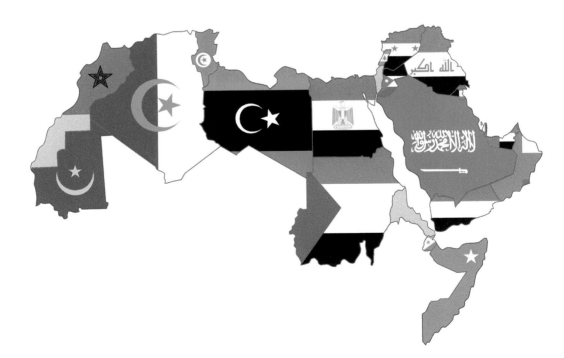

ومن حيث التوقيت، يوجد في المنطقة العربية عدة مناطق زمنية: سلطنة عُمان ودولة الإمارات العربية المتحدة في أقصى الشرق تسبقان باقي الدول في الجزيرة العربية بساعة وهذه المنطقة بدورها أيضا تسبق بلاد الشام بساعة أيضا. أما الدول العربية في شمال أفريقيا مثل مصر والسودان وليبيا تسبق دولتي تونس والجزائر بساعة وهاتان الدولتان أيضا تسبقان دولة المغرب في التوقيت. أما الإجازة الأسبوعية الرسمية فهي في أغلب الدول يوما الجمعة والسبت. وتتوقف معظم الأعمال التجارية عن العمل في يوم الجمعة وخصوصا وقت صلاة وخُطبة الجمعة التي تُقام في المساجد والجوامع والتي يحضرها العديد من المسلمين. أما يوم السبت فهو إجازة بسبب ارتباط الدول العربية في معاملاتها التجارية والمصرفية مع بقية دول العالم الأخرى التي أيضا تتوقف عن العمل في هذا اليوم من كل أسبوع. وقد تم تغيير يومي الإجازة الأسبوعية من الخميس والجمعة في بعض الدول (كالكويت والسعودية) الى الجمعة والسبت (كالإمارات وعُمان وقطر) بعد اكتشاف تأثير الفارق في العطل الأسبوعية بينها وبين الدول الغربية ذات التأثير على الاقتصاد العالمي والتي عطلتها الأسبوعية عادة السبت والأحد. فقد تبيّن أن توقّف تعامل الدول العربية في أعمالها التجارية أربعة أيام أسبوعيا بسبب ذلك الفارق وحصر فرصة التعامل والتواصل بين العرب العاملين في الأعمال التجارية مع نظرائهم في دول العالم الأخرى في ثلاثة أيام أسبوعيا فقط أمر يؤثر سلبيا على استمرارية النشاطات الاقتصادية العربية مع البيئة الاقتصادية الدولية للأسواق العالمية.

### تمرين ٤: نشاط مفردات

بدون العودة إلى نص القراءة إملأوا الفراغات في الجمل التالية بكلمات من قائمة المفردات (بنك الكلمات) لإكمال المعنى في كل جملة. اعملوا التغييرات اللازمة (مثلا التغيير من مفرد إلى جمع، من مذكر إلى مؤنث، أو نكرة إلى معرفة أو العكس) إذا تطلب الأمر، ليستقيم نمط ومعنى الكلمة في السياق.

عطلة • وظيفة • سلطنة • صلاة • جمهورية • عمل تجاري •
مملكة • توقيت • منطقة زمنية • إمارة

١. "تتباين الدول العربية في أنظمة حكمها بين ________ (مثل مصر ولبنان واليمن) و ________ (مثل الأردن والمغرب والسعودية) و ________ (مثل قطر والكويت) و ________ (مثل عمان)."
٢. "تتوقف معظم ________ عن العمل في يوم الجمعة وخصوصا وقت ________ الجمعة التي تُقام في المساجد والجوامع."
٣. "وقد تم تحويل يومي ________ من الخميس والجمعة في بعض الدول (كالكويت والسعودية) إلى الجمعة والسبت (كالإمارات وعمّان وقطر)."

## بعد القراءة

### تمرين ٥: المفاهيم الرئيسية

بعد قراءتك وفهمك للأفكار والمفاهيم الرئيسية للنص السابق، حاول/ي كتابة كل التفاصيل التي ترتبط بكل فكرة مما يلي. يمكنك العودة للنص مرة أخرى لتتحقق/ي مما فهمت. دوّن/ي التفاصيل تحت كل من المفاهيم والأفكار التالية.

١.  موقع العالم العربي جغرافيا وأنظمة الحُكم فيه
_____

٢.  المناطق الزمنية في العالم العربي والعطل الأسبوعية
_____

٣.  ارتباط العالم العربي بدول العالم اقتصاديا
_____

## تمرين ٦: أسئلة على النص

١.  ما هي الروابط المشتركة بين الدول العربية؟
_____

٢.  في أي النواحي يوجد اختلافات بين تلك الدول؟
_____

٣.  كيف أثر الارتباط الاقتصادي بين الدول العربية والدول الغربية على أيام العمل الأسبوعية فيها؟
_____

# أبحاث

## تمرين ٧: بحث في الإنترنت

(أ) من الخريطة أعلاه، اختر/اختاري دولة عربية تهمك. ثم، كاقتراح ادخل/ي موقع "موسوعة التكامل الاقتصادي العربي الإفريقي" (https://www.enaraf.org/page/165) وابحث/ي هناك عن المعلومات المطلوبة في هذا التمرين على الإنترنت وحاول/ي إيجاد المعلومات التالية عن تلك الدولة. بإمكانك أيضا البحث عن هذه المعلومات في مواقع إلكترونية تختارها/تختارينها بنفسك في حالة عدم التمكن من البحث باستخدام الموقع المقترح.

١.  عاصمة الدولة
٢.  المساحة الجغرافية: _____ ميل أو كيلومتر (كم) مربع
٣.  عدد السكان: _____ نسمة
٤.  العملة الرسمية: _____
٥.  فئات العملة الورقية هي: _____،
    _____،
٦.  فرق التوقيت بين الدولة وبلدك/مدينتك: _____ ساعة/ساعات
٧.  رمز الإنترنت: _____
٨.  رمز الاتصال الهاتفي: _____
_____

(ب) مع زميل/ة في الصف، تبادل/ي المعلومات التي حصلت عليها. بعد القيام بهذه المهمة تشاركوا في محادثة جماعية لإيجاد المعلومات التالية عن الدول التي نوقشت.

١. الدول العربية في كل منطقة من المناطق الزمنية

٢. ترتيب تصاعدي/تنازلي لعدد السكان في كل دولة

٣. ترتيب المساحات الجغرافية (تصاعديا/تنازليا) للدول العربية

٤. مَن في الصف قد زار/ت بعض هذه الدول؟ وهل من زارها/زارتها عنده/عندها معلومات إضافية للزملاء في الصف؟

٥. لو كان للصف فرصة لزيارة دولة من الدول العربية فأي دولة سيختارها الصف ولماذا؟

## تمرين ٨: بحث في الإنترنت

(أ) الآن وقد تعرفت على عملات رسمية لدول عربية عليك أن تجد/ي سعر الصرف الحالي لتلك العملات مقابل العملات الدولية. ادخل/ي مواقع في الإنترنت تحصل/ين من خلالها على أسعار شراء وبيع العملات العربية مقابل العملات الدولية في الجدول التالي.

| ين ياباني (بيع) | ين ياباني (شراء) | جنيه إسترليني (بيع) | جنيه إسترليني (شراء) | يورو (بيع) | يورو (شراء) | دولار أمريكي (بيع) | دولار أمريكي (شراء) | العملة العربية/ العملة الدولية |
|---|---|---|---|---|---|---|---|---|
| | | | | | | | | دينار أردني |
| | | | | | | | | دينار بحريني |
| | | | | | | | | دينار تونسي |
| | | | | | | | | ريال عُماني |
| | | | | | | | | دينار كويتي |
| | | | | | | | | درهم إماراتي |
| | | | | | | | | درهم مغربي |
| | | | | | | | | ريال سعودي |
| | | | | | | | | ريال قطري |

| العملة العربية/ العملة الدولية | دولار أمريكي (شراء) | دولار أمريكي (بيع) | يورو (شراء) | يورو (بيع) | جنيه إسترليني (شراء) | جنيه إسترليني (بيع) | ين ياباني (شراء) | ين ياباني (بيع) |
|---|---|---|---|---|---|---|---|---|
| جنيه مصري | | | | | | | | |
| جنيه سوري | | | | | | | | |
| ليرة لبنانية | | | | | | | | |

(ب) ارجع/ي للبحث في مواقع على الإنترنت واحصل/ي على معلومات ناقصة في الجدول التالي عن ثلاث دول عربية أخرى ليست في الجدول السابق.

| العملة العربية/ العملة الدولية | دولار أمريكي (شراء) | دولار أمريكي (بيع) | يورو (شراء) | يورو (بيع) | جنيه إسترليني (شراء) | جنيه إسترليني (بيع) | ين ياباني (شراء) | ين ياباني (بيع) |
|---|---|---|---|---|---|---|---|---|
| | | | | | | | | |
| | | | | | | | | |
| | | | | | | | | |

(ج) أجب/أجيبي على الأسئلة التالية لاستخلاص النتائج من الجدولين السابقين الذين ملأتهما.

١. أي العملات قيمتها تفوق الدولار الأمريكي؟
٢. أي العملات لها أدنى قيمة مقابل الدولار الأمريكي؟
٣. ماذا تظن/ين الأسباب وراء سعر كل من العملات في الجدول مقابل العملات العالمية في الجدولين؟

## القراءة ٢

### تمرين ٩: أسئلة تمهيدية

١. متى كانت آخر مرة تعاملت فيها بعملة أجنبية؟
٢. ما هي تلك العملة الأجنبية التي تعاملت بها؟
٣. ماذا كان سعر الصرف للعملة الأجنبية التي اشتريتها مقابل عملة بلدك؟

٤. ما سعر تلك العملة الأجنبية اليوم؟
٥. كيف اشتريتها أو حصلت عليها؟

## المصطلحات الهامة

لا مركزية: ليس لها مقرّ/مكان محدد أو معروف
على مدار اليوم: ٢٤ ساعة يوميا
مؤشرات السوق: أرقام وبيانات عن السوق تبين ارتفاع وانخفاض الأسعار وقيمة العملات
صفقات: فرص للبيع أو الشراء تكون فريدة ومغرية
تذبذُبات: تقلّبُات وتغييرات
الفوري: المباشر، في الحال

النص

## سوق تداول العملات

هي سوق لا مركزية مفتوحة على مدار اليوم وفيها يتم شراء وبيع العملات الأجنبية في أهم أربع بورصات عالمية (بورصة طوكيو، بورصة لندن، بورصة نيويورك، وبورصة سيدني). في أغلب الأحوال، المستثمرون في هذا المجال الساعون للحصول على أرباح من تجارة العملة يشترون عملة مقابل بيع عملة أخرى بناء على معلومات ومؤشرات للسوق يحصلون عليها من مصادر متعددة منها تجارية وأخرى سياسية أو اقتصادية. قبل انتشار الإنترنت، كانت التجارة في تلك السوق غالبا بين البنوك الحكومية غير أن انتشار التكنولوجيا والمعلومات الإلكترونية فتح الباب أمام المستثمرين للتجارة مثلهم مثل البنوك الكبرى والمؤسسات المالية. الهدف الأساسي من هذه التجارة ليس بالضرورة الاحتياج للعملة الأجنبية مثلا لشراء سلع من بلد العملة بل في معظم الحالات الهدف هو تحقيق الربح من خلال التغيير الإيجابي أو السلبي الذي يتوقعه المستثمر في سعر العملة الأجنبية. إذن العملة الأجنبية تصبح هي السلعة التجارية التي من خلالها يتحقق الربح. بالطبع سوق تجارة العملة بها مخاطر حيث أحيانا يمكن خسارة المبلغ المستثمر في تلك التجارة بسبب متغيرات أو تذبذبات في سعر العملة قد لا يسهل التنبوء بها مسبقا ولكن المستثمر الواعي ذو الخبرة في هذا المجال قد يحقق أيضا أرباحا طائلة وسريعة من خلال صفقات الشراء والبيع الفوري للعملات الأجنبية.

## بعد القراءة

### تمرين ١٠: الأسئلة على النص

١. من كان يتداول العملات في السوق سابقا وكيف تغيّر هذا الوضع؟
٢. كيف يتحقق الربح أو الخسارة في هذه السوق؟
٣. علام يعتمد المتعاملون في السوق في اتخاذ قرارهم بشراء أو بيع العملات الأجنبية؟
٤. ما هي مزايا سوق تداول العملات؟
٥. ما هي عيوبها أو مخاطرها؟

### تمرين ١١: نشاط مفردات

في النسخة التالية المُقتَبَسَة من نص "سوق تداول العملات" اختاروا من أدوات الربط التالية أداة مرادفة لكل واحدة من التعبيرات التي تحتها خط واكتبوها في الفراغات بين القوسين لإكمال المعنى في النص.

هكذا • لكن • إلا أن • بالتأكيد • صاحب • ربما •
لـ • بالنسبة لـ • يوميا • من حيث

هي سوق لا مركزية مفتوحة على مدار اليوم (______________) وفيها يتم شراء وبيع العملات الأجنبية. في أغلب الأحوال، المستثمرون في هذا المجال الراغبون في الحصول على أرباح من تجارة العملة يشترون عملة مقابل بيع عملة أخرى بناء على معلومات ومؤشرات للسوق يحصلون عليها من مصادر متعددة منها تجارية وأخرى سياسية أو اقتصادية. قبل انتشار الإنترنت كانت التجارة في تلك السوق غالبا بين البنوك الحكومية غير أنّ، (______________) انتشار التكنولوجيا والمعلومات الإلكترونية فتح الباب أمام المستثمرين للتجارة مثلهم مثل البنوك الكبرى والمؤسسات المالية. الهدف الأساسي من هذه التجارة ليس بالضرورة الاحتياج للعملة الأجنبية مثلا لشراء سلع من بلد العملة بل (______________) في معظم الحالات الهدف هو تحقيق الربح من خلال التغيير الإيجابي أو السلبي الذي يتوقعه المستثمر في سعر العملة الأجنبية. إذن (______________) العملة الأجنبية تصبح هي السلعة التجارية التي من خلالها يتحقق الربح. بالطبع (______________) سوق تجارة العملة بها مخاطر حيث أحيانا يمكن خسارة المبلغ المستثمر في تلك التجارة بسبب (______________) متغيرات أو تذبذبات في سعر العملة قد (______________) لا يسهل التنبوء به مسبقا ولكن المستثمر الواعي ذو (______________) الخبرة في هذا المجال قد يحقق أيضا أرباحا طائلة وسريعة من خلال صفقات الشراء والبيع الفوري للعملات الأجنبية.

### تمرين ١٢: بحث في الإنترنت

إبحثوا في الإنترنت عن مواقع عربية لسوق التبادل في العملات الأجنبية المعروفة باسم الفوركس Forex وبعد الاطلاع على المعلومات فيها أجيبوا على الأسئلة التالية.

١. ما هي المعلومات والبيانات الهامة ذات الصلة بتجارة العملات؟
٢. ما هي أحسن طريقة لإدارة رأس المال للمتاجرين في سوق العملات؟
٣. كيف يمكن تفادي الخسارة في تجارة العملات؟
٤. ما هي المفاهيم الخاطئة عن تجارة العملات في سوق الفوركس التي صحّحها هذا البحث بالنسبة لك؟
٥. ما هي أهم خمسة إرشادات يمكن أن تقدمها/تقدميها لصديق/ة يرغب/ترغب في تجارة عملة مربحة؟

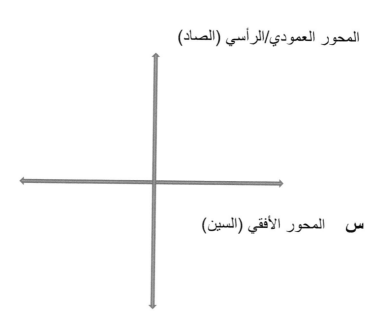

ص
المحور العمودي/الرأسي (الصاد)
س المحور الأفقي (السين)

## القراءة ٣

### النص

### كيف تقرأ/تقرئين الرسم البياني؟

بصفة عامة، كل رسم بياني، يُسمى أيضا بالمخطط البياني، يشمل محورين: المحور الأفقي والمحور الرأسي (أيضا يُسمى الخط العمودي) كل منهما يمثل أحد البيانات/المعطيات أو المتغيرات. فمثلا يمكن تمثيل تغيير قيمة الدولار مقابل اليورو زمنيا باستخدام المحور الأفقي (تقليديا يُسمى محور السين/السينات) لتحديد الزمن (أيام، شهور، سنوات) والمحور الرأسي/العمودي (تقليديا يُسمى محور الصاد/الصادات) لتحديد التغيير في قيمة الشراء مثلا. من خلال الرسم البياني يمكن استكشاف اتجاه سعر شراء الدولار (ازدياد أم هبوط) لتفادي المخاطر وازدياد الأرباح قدر الإمكان. الرسم البياني التالي يوضّح المحورين الأساسيين في أبسط تمثيل لهما. هذه الفكرة مبنية على أساس أن المسار التاريخي للعملة، مثلا، يمكن عن طريقه توقع المستقبل (لو كانت نفس الظروف مستمرة)، خصوصا وأن من خلال الرسم البياني الصورة النمطية للتداول بين العملتين على سبيل المثال تظهر بوضوح.
فيما يلي بعض أنواع الرسوم البيانية، كل منها يستخدم حسب المتغيرات التي يرغب استظهارها حسب شكل معين:

١. الخط البياني: هو أبسط أنواع الرسوم البيانية ويمثل كل علاقة بين الزمن والقيمة أو الكم بنقطة. وبتوصيل النقاط مع بعض تظهر القيم بمرور الوقت كخط صاعد أم هابط اعتمادا على القيم المختلفة.

المحور الصادي (ص)

قيمة الدولار الأمريكي مقابل الجنيه المصري

المحور السيني (س)

المحور الصادي (ص)

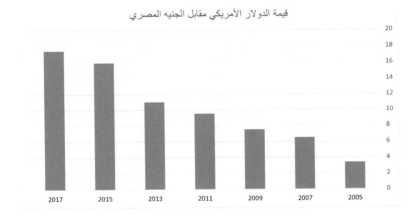

قيمة الدولار الأمريكي مقابل الجنيه المصري

المحور السيني (س)

٢. الأعمدة البيانية: يستخدم هذا النوع من الرسم البياني لعرض بيانات تظهر مثلا تغيير سعر شراء العملة في جدول تكراري حسب الزمن. يمكن تمثيل بيانات متعارضة بين متغيرين وعادة يُلون كل منهما بلون متميز حتى يتم التفريق بينهما وإظهار الاختلاف في القيم.

## تمرين ١٣: بحث في الإنترنت

(أ) بحث في الإنترنت عن نماذج لرسوم بيانية حديثة لقيمة عملة عربية مقابل عملة دولية

١. ابحث/ي في الإنترنت على نماذج للرسوم البيانية السابق ذكرها لزوج من العملات (عملة عربية مقابل أخرى دولية مثل الدولار الأمريكي أو اليورو أو الجنيه الإسترليني).

٢. اعثر/ي من الإنترنت على التحليل الفنّي للشهر السابق لزوج من العملات ثم قدم/ي نتائج البحث كرسم بياني يصحبه ملخص مكتوب يتم تقديمه شفويا يشمل أيضا توصيات للتبادل بين العملتين العربية ونظيرتها الدولية في الشهر القادم:

أ   مقدار التبادل المقترح بين العملتين والأسباب التي في تقديركم بُنيت عليها التوصيات

ب   الربح أو الخسارة المتوقّعة في التجارة بين هذا الزوج من العملات

للأستاذ/ة: بعد انتهاء الطلاب من التقديمات اطلب/ي منهم اختيار أفضل زوج من العملات للبيع والشراء ومناقشة الأسباب التي تدعم اختيارهم مع الزملاء في الصف.

(ب) اقرأوا الأسئلة التالية ثم ابحثوا عن إجابات لها من خلال البحث في مواقع الإنترنت عن أسواق تداول العملات.

١. هل يستطيع المستثمر الذي يود التداول أن يقوم بتجارة العملة مستخدما فوركس بدون فتح حساب في بنك أولا؟
٢. في حالة هبوط قيمة العملة المُباعة، هل يمكن إيقاف الخسارة بعد البدء؟
٣. هل التُجّار الكبار هم الرابحون دائما في السوق بسبب حجم رأسمالهم المستخدم في التجارة؟ أيّد/ي رأيك بأمثلة وأدلّة.
٤. إلى أي حد تتدخّل العوامل النفسية في الربح أو الخسارة أثناء جلسة تداول العملة؟
٥. هل هناك فترة زمنية محددة في اليوم لا يُفضّل تداول العملة فيها؟

**المصطلحات الهامة**

فيما يلي مفردات هامة لفهم أسواق تداول العملات ستساعدكم في بحثكم:

العرض: كمية العملة المطروحة للبيع في السوق
الطلب: كمية العملة المطلوبة للشراء في السوق
سلع: مُنتجات أو بضائع تُباع وتُشترى
سعر التوازن بين عملتين: سعر يتقاطع عنده العرض والطلب في الرسم البياني كأنسب قيمة لتبادل العملتين
يُعادل: يُساوي
التضخّم: الزيادة في مُعدّل الأسعار

**تمرين ١٤: أسئلة للمناقشة والحوار**

ناقشوا مع الزملاء في الصف الأسئلة التالية.

١. ما العوامل التي قد تؤثر على تغيير القيمة المالية (القيمة الخارجية) لعملة ما في سوق صرف العملات؟
٢. كيف يمكن تحديد القيمة الشرائية للعملة (القيمة الداخلية)؟
٣. ما المخاطر الناشئة عن انخفاض سعر عملة دولة ما مقابل العملات الدولية الهامة؟
٤. هل تظن/ين أن التجارة في العملة مفيدة لاقتصاد الدولة؟ أيّد/ي رأيك بأدلة مُقنعة.
٥. ما رأيك في تجارة العملة؟ هل ترغب/ين العمل فيها مستقبلا؟ أيد/ي رأيك بأسباب مقنعة.

## دراسة حالة

### تمهيد للدراسة

### إصدار عملة عربية موحدة: فكرة واقعية أم رومانسية؟

ملحوظة للأستاذ/ة: دراسة الحالة هذه هدفها تمكين الطلاب من تقديم توصيات نحو إصدار عملة عربية موحدة بناءً على معلومات من النص اختاروها وحللوها بعد قراءة المعلومات والبيانات في الصفحات التالية. من المفروض على الطلاب أيضا مشاهدة وفهم فديو لخبيرين في الاقتصاد يناقشان فيه رأيهما حول هذا الموضوع. قبل البدء في اتخاذ قرارات عن الموضوع المطروح للدراسة يجب التنبيه على الطلاب أن يستعينوا بالتلميحات التي تلي الأسئلة. من المُقتَرَح تخصيص أكثر من ساعة لمناقشة هذه الحالة في الصف تتبعها تقديمات من الطلاب على ما يجب فعله إزاء مسألة إصدار عملة عربية موحدة.

ملحوظة هامة للطالب/ة: هذا الموضوع يركز على إصدار عملة عربية موحدة لكل الدول العربية. وهذا الموضوع المطروح أمام جامعة الدول العربية للمناقشة واتخاذ قرار بشأنه يهم إلى حد بعيد الكثير من العرب لأسباب اقتصادية وتاريخية وسياسية وأيضا سيكولوجية (عاطفية) لذلك يجب عليك أن تدرسه/تدرسيه بدقة وعناية قبل تقديم توصياتك.

كما هو معروف، العالم العربي يشمل أكثر من عشرين دولة وتمثلها جامعة الدول العربية التي أنشئت في أعقاب الحرب العالمية الثانية كمنظمة دولية تهدف لتوحيد موقف العرب تجاه قضايا إقليمية ودولية. وأيضا لترعى مصالحهم وتوحّد صفوفهم كما تبحث سبل ترسيخ وتقوية التعاون والروابط الثقافية واللغوية والتاريخية والتربوية والفكرية بين العرب كأفراد وشعوب ودول. وبالرغم من وجود حدود جغرافية وسياسية

فاصلة بين الدول العربية إلا أن الأغلبية الساحقة من العرب يعتبرون أنفسهم جزءا من أمة عربية واحدة تربطها روابط لغوية وتاريخية واجتماعية وثقافية ودينية وحتى سياسية في بعض الأحيان. وينبع عن هذه الروابط رغبة مُلِحّة في وحدة أعمق تتمثل في إقامة اتحاد عربي على غرار الاتحاد الأوروبي خصوصا وأن تاريخ العرب بعد انتشار الإسلام يدل على نجاح وجود دولة واحدة متماسكة سميت بمسميات متعددة مثل الأموية والعباسية والأيوبية وغيرها في العصور التي تلت الفتوحات الإسلامية. في تلك الفترات كان الدينار العربي الذهبي هو العملة السائدة في التداول في داخل المناطق العربية. وحتى أثناء فترة حكم الدولة العثمانية والذي كانت السلطة السياسية فيها بيد الأتراك العثمانيين حتى بداية القرن العشرين، البلاد العربية كان معظمها ولايات تابعة لسلطة وسيطرة مركزية. وكان التبادل التجاري بين الولايات يتم باستخدام عملة موحدة ضربت في اسلامبول (القسطنطينية)، فالقرش العثماني حسب بعض المصادر[١] ظهر في عهد السلطان سليمان الثاني في القرن السابع عشر كعملة متداولة في أنحاء الدولة العثمانية واستمرت بعض الدول العربية، مثل مصر والسودان وسوريا ولبنان، في استخدام تسمية "القرش" كفئة رسمية بعد استقلالها في القرن العشرين.

وفي النصف الثاني من القرن العشرين كان هناك بعض المحاولات الجادة لإقامة وحدة إقليمية منها تأسيس الجمهورية العربية المتحدة والتي شملت مصر وسوريا ولكنها لم تدم طويلا ولكن إنشاء وحدة إقليمية متمثلة في مجلس التعاون الخليجي بين ست دول عربية في عام ١٩٨١ حظي بنجاح باهر وديمومة تدعو للتفاؤل ليس بسبب استمراريته فحسب بل أيضا بسبب تعميق الروابط السياسية والعسكرية والاجتماعية والتجارية والسياحية بمرور الزمن بين دوله الست. فنجاح هذه الوحدة في نواح متعددة، بعد تجاوز بعض العثرات العابرة، قد يُعتبر مؤشرا لإمكانية توسيع اتحاد مثل هذا ليشمل وحدة اقتصادية بين كل الدول العربية متمثلة في إصدار عملة عربية موحدة تكون بمثابة أداة لتوحيد اقتصادات المنطقة العربية. فهذا يُعد حلما للملايين من العرب لما للاتحاد من فوائد محتملة في زيادة التجارة البينية وتحسين مستوى المعيشة وتعزيز الروابط بين الدول على مستويات أخرى (اجتماعية وتاريخية وسياسية وفكرية إلخ.) إضافة إلى إعطاء قوة اقتصادية موحدة للعرب كأمة لها عملة خاصة بها يمكن لها أن تكون من العملات الرائدة التي تلعب دورا هاما في الاقتصاد العالمي والتي تساعد أيضا في تحسين شروط التجارة مع التكتلات الاقتصادية الأخرى وتقوي من الوجود العربي الاقتصادي على الساحة العالمية. في الوقت الحالي الخبراء الاقتصاديون تبنوا مواقف متباينة بين مؤيد ومعارض.

فمن بين الفوائد التي ذكرت في دراسات عن العملة الإقليمية الموحدة للدول الأوروبية على سبيل المثال دراسة تفيد بأن العملة الموحدة "تلعب دورا محوريا في تشكيل سوق مشتركة وموحدة تشجع التجارة البينية بين الدول الأعضاء"[٢] ومن بين المبررات التي يذكرها الباحث أن التجار يستفيدون من قلة التكاليف في التبادل التجاري بعملة موحدة حيث لا يوجد تقلّب في أسعار تبادل العملة عند التجارة بين الدول الأعضاء، أحد أهم العوائق للتجارة بين الدول، ولذا يزداد عدد المعاملات التي تسير بسهولة وبدون عائق مالي أو جمركي. ومن بين المسهّلات للتجارة للدول ذات العملة الموحدة هي إضافة مصداقية تجارية على الساحة الدولية للدول المشاركة في العملة الموحدة. إضافة لما سبق، توحيد الأسعار وإلغاء التعريفة الجمركية وتحمية المنافسة وتوسيع التكتل الاقتصادي يعود على الدول ومواطنيها بالنفع الكبير. هناك أيضا بوادر تكامل اقتصادي غير رسمي بين الدول العربية يتمثل في هجرة العمال المهرة من دول مكتظة بالسكان أو بها بطالة عالية ومستوى معيشة منخفض (مثل مصر وسوريا ولبنان والمغرب) إلى دول عربية غنية بحاجة إلى عمالة وافدة لتكفي حاجتها المتزايدة والتي غالبا ما تفوق نسبة العمالة الوطنية المتوفرة بها (مثل دولة الإمارات العربية وجيرانها من الدول الخليجية العربية). أيضا يتجه كثير من السياح العرب من دولهم الغنية لقضاء إجازاتهم في بعض الدول العربية ذات الاقتصاد الضعيف السابق ذكرها.

ولكن في المقابل، عدم الاستقرار السياسي والذي ينتج عنه صراعات غالبا ما يكون لها آثارا سلبية على الأداء الاقتصادي للدول. فمثلا شهدت المنطقة بعد الثورات التي أنهت فترة الاستعمار الأوروبي حروبا ناتجة عن صراعات حدودية (مثلا الحرب بين العراق وإيران وحرب مصر وسوريا مع إسرائيل) أو صراعات داخلية في صورة حروب أهلية (مثلا الحرب الأهلية في لبنان التي دامت ١٥ عاما بين عامي ١٩٧٥ و١٩٩٠ ومؤخرا الحرب الأهلية في سوريا والانشقاق الداخلي في العراق وليبيا عقب ما سُمي بالربيع العربي) إضافة إلى عدم الاستقرار السياسي والتقلبات والانقلابات العسكرية مما يزعزع الثقة في الترابط الاقتصادي بينها.

أيضا من ناحية البنية التحتية مازالت تفتقر المنطقة العربية لمنافذ وطرق برية وسكك حديدية تربط بينها وتسهل التجارة البينية لإنجاز التكامل الاقتصادي المنشود، و ذلك بالرغم من وجود اتفاقيات تجارية تشجع التجارة البينية للدول العربية. كما ويجدر بالذكر أيضا التبعية التكنولوجية للدول العربية مازالت أحد أهم عوامل الضعف ذات الأهمية الكبرى. كل هذه العوامل معا تشكك في قدرة الدول العربية على استصدار عملة نقدية موحدة.

ولكن من الناحية اللغوية والثقافية فبالرغم من وجود لهجات متعددة في العربية المحكية إلا أن اللغة المكتوبة تكاد تكون واحدة وموّحدة لكل العرب ولذلك الإنتاج الأدبي والفكري العربي يمكن نشره بسهولة بين كل العرب بغض النظر عن لهجاتهم المحكية ولذلك تُعد اللغة العربية إحدى ركائز الهوية العربية. ويتعدى الترابط اللغوي حدوده ليشمل الثقافة العربية المترسخة في اللغة العربية على مدى قرون طويلة.

ولكن لو نظرنا للاتحاد الأوروبي الذي يُحتذى به في إصدار عملة موحدة بين أعضائه فقد بدأت بوادر الأفكار في وحدة فقط إثر الحرب العالمية الثانية في عام ١٩٥١ للتنسيق وإنتاج الفحم والحديد.[٣] تبعته عدة اتفاقيات أدّت إلى تأسيس المجموعة الاقتصادية الأوربية ثم السوق الأوروبية المشتركة لست دول أوروبية هي بلجيكا، هولندا، ألمانيا وإيطاليا ولوكسمبورغ وفرنسا وعملت هذه الدول بمرور الوقت على توثيق الروابط الاقتصادية وفي عام ١٩٩٢ صدّقت الدول الاعضاء على "اتفاقية ماسترخت" وبعد تغيّر اسم المجموعة التي ازداد أعضاؤها إلى ١٢ عضوا (بلجيكا والدنمارك وفرنسا وألمانيا واليونان وإيطاليا ولوكسمبورغ وهولندا والبرتغال وإيرلندا وإسبانيا والمملكة المتحدة) إلى الاتحاد الأوربي ومنذ عام ١٩٩٣ توسعت حتى في عام ٢٠٠٤ أضاف الاتحاد الأوربي عشر دول معظمها من دول الاتحاد السوفياتي السابق ثم في عام ٢٠٠٧ أضيفت دولتان أخريان هما رومانيا وبلغاريا.[٤]

تباين مستويات المعيشة بين الدول العربية قد يقف أيضا حائلا للوحدة النقدية، فمثلا بينما كانت حصة الفرد القطري من إجمالي الناتج المحلي في عام ٢٠١٨ أكثر من ٦٨ ألف دولار، كانت حصة الفرد اليمني أقل من ١٠٠٠ دولار في نفس السنة.[٥]

ولكن بالمقابل، لو قارنّا الناتج نسب إجمالي الناتج المحلي للفرد في الاتحاد الأوربي لوجدنا أيضا فوارق شاسعة بين دول الاتحاد. فعلى سبيل المثال بينما كان في عام ٢٠١٣ الناتج المحلي الإجمالي للفرد في لوكسمبورج تقريبا ما يعادل ١١٦ ألف دولار كان في دولة بلغاريا تقريبا ما يعادل ٩ آلاف دولار على التوالي، وكلاهما عضو في نفس الاتحاد.[٦]

على صعيد آخر، لو قارنّا الحرية النسبية للاقتصادات العربية لوجدنا أيضا اختلافات بينة في مستويات الحرية المبنية على مقدار التجارة والحرية في الاستثمار والتمويل وحرية التنقل للعمال. فطبقا لترتيبات مؤسسة هريتج[٧] هناك دول عربية تحتل ترتيبات مرتفعة تضاهي الدول المتقدمة اقتصاديا مثل الولايات المتحدة وبريطانيا واليابان. من بين هذه الدول العربية مملكة البحرين ودولة الإمارات العربية المتحدة وقطر ولكن نجد العديد من الدول العربية ضمن المجموعة المسمّاة بالاقتصاد "غالبا غير حرّ" في قائمة تضم

فيتنام وبلاروس ونيبال وغيرها من الدول التي لا تتمتع باقتصاد حر. بالمقارن دول الاتحاد الأوربي أيضا تتباين حسب معيار الحرية ذاته فمثلا ألمانيا وهولاندا وفنلندا والسويد تتمتع بحرية اقتصادية أكبر من فرنسا وبلجيكا والبرتغال والتي تنتمي إلى المجموعة المصنّفة بالاقتصاد "الحر المُعتدل".

١. https://www.turkpress.co/node/12128
تاريخ دخول الموقع٩ يناير ٢٠٢٠.
٢. Joan Costa-i-font:2010 Regional Single Currency Effects on Bilateral Trade with the European Union
تاريخ دخول الموقع ٩ يناير ٢٠٢٠.
٣. https://www.encyclopedia.com/social-sciences-and-law/political-science-and-government/international-organizations/european-union
تاريخ دخول الموقع ٩ يناير ٢٠٢٠.
٤. نفس المصدر
٥. https://data.worldbank.org/indicator/NY.GDP.PCAP.CD?locations=ZQ
تاريخ دخول الموقع ٩ يناير ٢٠٢٠.
٦. https://data.worldbank.org/indicator/NY.GDP.PCAP.CD?locations=PL-GR-PT-DE-EU
تاريخ دخول الموقع ٩ يناير ٢٠٢٠.
٧. http://www.heritage.org/index/ranking
تاريخ دخول الموقع ٩ يناير ٢٠٢٠

## الاستماع

### لقاءات مسجلة مع باحثين في موضوع الوحدة النقدية للدول العربية

في ضوء ما سبق، شاهدوا لقاءين مسجلين مع خبيرين في الاقتصاد يبينان موقفيهما نحو هذه الفكرة. الفيديو الأول فيه لقاء مع الأستاذ الدكتور إبراهيم عويس والفيديو الثاني للقاء مع الباحث والاستشاري الأستاذ أحمد المخيني.

### الفيديو الأول

**المصطلحات الهامة**

قبل مشاهدة الفيديو ادرسوا المفردات التالية وأكملوا التمارين التي تليها.

أحيا الفكرة: أعاد تقديم فكرة سابقة
تسليط الضوء على: التركيز على شيء وإيضاحه
بنك مركزي: مؤسسة مالية تتابع وتنفذ السياسة النقدية للدولة وتتحكم في سعر الفائدة وسعر صرف العملة بالإضافة لمسؤوليات نقدية وطنية أخرى
الاحتذاء بـ (الفعل حذا ، يحذو): يُتبع كمثال
الفوائد الملموسة: فوائد حقيقية يشعر بها الأفراد
في حيز التنفيذ: قابل للعمل به بعد فترة
حد أقصى: أعلى نسبة أو مستوى
عجز في: نقص في
ميزان المدفوعات: سجل يدون فيه خلاصة المعاملات الاقتصادية للدولة بما فيها ديونها وفائضها المالي
كتلة (ج. كُتل) اقتصادية: مجموعة اقتصادية تشكل قوة واحدة

العوائق أو العقبات: صعوبات يجب تخطّيها (تحتاج لحل)
عزيمة عربية: إرادة عربية قوية
يجتمعون بصفة دورية: يلتقون معا كل فترة معينة مثل كل أسبوع، أو شهر، أو سنة

## تمرين ١٥: نشاط على المفردات من الفيديو

(أ) اختر/اختاري التعبير المناسب لإكمال الجمل أدناه.

بصفة دورية • تسليط الضوء • حد أقصى • البنك المركزي •
العجز • العزيمة • كتلة • ميزان المدفوعات • حيز التنفيذ

١. يقوم ________________ بدعم عملة الدولة وتثبيت قيمتها وهو المسؤول عن إصدار النقود فيها.
٢. يجب ________________ على المشاكل الاقتصادية لإيجاد حل لها في أقرب فرصة.
٣. بعض الدول ليس بها حد أدنى للأجور في القطاع الخاص ولكن بها ________________ للرواتب الأساسية في القطاع العام.
٤. تسعى كثير من الدول الى تجنّب ________________ في ميزانيتها حتى لا تزداد ديونها.
٥. يُعد ________________ مؤشرا للحالة الاقتصادية والمالية بين الدولة والعالم.
٦. الدول الأعضاء في الأمم المتحدة تلتقي معا في نيويورك ________________ لمناقشة القضايا السياسية والاقتصادية وغيرها في العالم.

(ب) اختر/اختاري مما يلي المعنى المقصود من الحكمة القديمة التي ذُكرت في اللقاء بالفيديو.
الحكمة القديمة: "إذا كان هناك عود واحد من الممكن قضمه، إذا كانت توضع كل هذه الأعواد مع بعضها فمن الصعب قضمها"

أ. التجمع الاقتصادي صعب التنفيذ
ب. الوحدة الاقتصادية قوة سلبية
ج. الاتحاد قوة مفيدة لأعضائه

## تمرين ١٦: مشاهدة الفيديو

دون/ي التفاصيل تحت كل فكرة مما يلي أثناء مشاهدة الفيديو.

١. الخلفية التاريخية للعملة العربية الموحدة:

________________

٢. النظام المصرفي الذي لم يكن موجودا أثناء فترة العملة العربية الموحدة قديما:

________________

٣. الشروط التي اقرتها الدول الأوربية قبل إصدارها عملة اليورو:

________________

٤. الفوائد التي ستتمتع بها الدول العربية ومواطنيها في حالة المشاركة في عملة موحدة:

________________

٥. العوائق والعقبات التي تقف أمام تحقيق عملة عربية موحدة:

_____

٦. الخطوات اللازمة لتحقيق اتحاد نقدي عربي:

_____

## الفيديو الثاني

### المصطلحات الهامة

قبل مشاهدة الفيديو ادرسوا المفردات التالية واكملوا التمارين التي تليها.

التجارة البينية (من حرف الجرّ "بين"): التجارة بين الدول العربية بعضها ببعض

نمو مُطّرد: نمو يتزايد بصورة مستمرة

الاتحاد الجمركي: اتفاق يتم فيه توحيد التعريفة الجمركية بين الدول في الاتفاق

المعيار: المقياس أو الوسيلة لتقييم فكرة أو شيء

تنازُل سيادي: تَخَلّ عن أمور سياسية وطنية مثل الحرية في اتخاذ القرارات بالدولة

غير مُجدي: لا فائدة فيه أو منفعة منه

مُيسّرة: مُسَهّلة

اقتصاد ريعي: اقتصاد يعتمد على مصدر (طبيعي) واحد للدخل (هُنا يُقصد به النفط)

تكتُّل اقتصادي: تشكيل كتلة اقتصادية بمعنى إنشاء وحدة اقتصادية تضم عددا من الدول كما هو الوضع في الاتحاد الأوربي الذي يشكّل كتلة اقتصادية تشمل كل الأعضاء فيه.

مسألة تلقائية أو تحصيل حاصل: يُقصد بها نتيجة مباشرة ومُتوقّعة

زخما: دَفعة شديدة أو momentum

يطمحون في: لهم رغبة شديدة في تحقيق شيء ما

سوق واعدة: سوق لها مُستقبل مشرق مليء بالوعود

الاندماج المعرفي: تبادل المعلومات وأنظمة المعرفة وتوحيدها بين الدول

### تمرين ١٧: نشاط مفردات

اختر/اختاري من القائمة التالية التعبير المناسب لملء كل فراغ في الجمل أدناه مع تغيير الإعراب إذا استدعى الأمر.

- يطمحون • كتلة اقتصادية • التجارة البينية • اتحاد جمركي •
- الاندماج المعرفي • تحصيل حاصل • تنازل سيادي • نمو مطّرد المعيار •
- السوق العربية المشتركة • سوق واعدة • اقتصاد ريعي

١. تشكل بعض الدول _____ يسمح للأعضاء فيها بنقل البضائع في منطقة تجارة حرة بدون دفع أي ضرائب إضافية لاستيرادها وتصديرها بين الدول الأعضاء.

٢. مازالت _____ للدول العربية تُعاني من الضعف بالرغم من اتفاقيات التجارة الحرة بينها.

٣. قلة التصدير _____ في ظل عدم قدرة الدولة على إنتاج ما يكفيها من السلع والبضائع.

٤. يتساءل بعض المفكرين المعاصرين هل توحيد العملة بين الدول الأعضاء في الاتحاد الأوربي هو ________ عن العملة الوطنية لكل عضو في الاتحاد؟

٥. تشير بعد الإحصائيات إلى أن منتجات "الحلال" في الدول الغربية في ________.

٦. يسعى الكثير من المستثمرين إلى زيادة استثماراتهم في السوق العقارية بمصر لأنها ________.

٧. مازال مصدر الدخل الأكبر لعدد من دول الخليج العربية هو النفط وبسبب الاعتماد الملحوظ عليه يُعد اقتصاد تلك الدول ________ متشابه.

٨. تأمل الدول العربية وشعوبها في إنجاز وحدة اقتصادية كاملة تتمثل في إنشاء ________. لكن يؤكد خبراء الاقتصاد أن الاتحاد الجمركي لابد أن يسبق هذه الخطوة.

٩. بما أن اكتساب ونشر المعرفة يلعبان دورا رئيسيا في ازدياد الثروة فإن ________ له دور أساسي في تسهيل التعاون والتكامل الاقتصادي.

## تمرين ١٨: مشاهدة الفيديو

دون/ي التفاصيل تحت كل فكرة مما يلي أثناء مشاهدة اللقاء المُسجّل مع الأستاذ المخيني.

١. بداية وتطور فكرة التعاون الاقتصادي في دول مجلس التعاون الخليجي:

________

٢. العوامل التي يجب أن تؤخذ في الاعتبار قبل تنفيذ الاتحاد النقدي بين دول مجلس التعاون:

________

٣. واقع تبادل التجارة البينية بين دول مجلس التعاون الآن:

________

٤. المعايير التي اتخذتها اللجنة المكلفة بدراسة موضوع الوحدة النقدية لدول مجلس التعاون الخليجي:

________

٥. أسباب عدم وجود اتحاد نقدي بين دول مجلس التعاون الخليجي حتى الآن:

________

٦. التأثير المتوقّع للعملة الخليجية الموحدة على الاقتصاد الخليجي:

________

٧. الخصائص الاقتصادية والسياسية للسوق العربية المشتركة:

________

٨. الخطوات اللازمة التي تسبق توحيد العملة بين دول مجلس التعاون الخليجي:

________

٩. الخصائص المشتركة لاقتصاديات دول مجلس التعاون الخليجي التي قد تكون عقبة أمام تنفيذ توحيد العملة بين دولها:

________

١٠. أسباب فشل المفاوضات بين الاتحاد الأوربي ودول مجلس التعاون الخليجي كمنطقة اقتصادية موحدة:

________

١١. موقف المواطنين الخليجيين من الوحدة الاقتصادية بين دول مجلس التعاون الخليجي والوحدة النقدية:

________

## التحدي

### تمرين ١٩: اتخاذ قرار

التلميحات التالية ستساعدكم في الإعداد لاتخاذ قرار عن دراسة الحالة التي تم تقديمها. حاولوا الاسترشاد بالإجابات على الأسئلة التالية كتلميحات تمهد لدراسة الحالة بشكل أدق.

تلميحات للطلاب
عند التفكير في هذه الحالة، عليكم "جَرد المحتوى" لرسم خريطة للمحتوى المهم للنص. الإجابات على الأسئلة العامة التالية ستساعدكم في التفكير في جوانب عدة مهمة قبل اتخاذ القرار:

١. هل هذه مشكلة، قرار، أم تقييم؟
٢. ما أهمية الموضوع للفرد، للدولة، للأمة العربية، للعالم؟
٣. ما هي الخيارات؟ ما هي المعايير لهذه الخيارات؟ ما هي أهم المعايير لاتخاذ القرار؟
٤. من سيكون/ستكون المسؤول/ة عن تقييم هذه الفكرة؟ ما هي أهم المعايير لتقييم الفكرة؟ هل بعض هذه المعايير ذُكرت في النص؟
٥. إذا كان هناك أكثر من اقتراح للحل اختبر/ي كل على حدة وأيد/ي أفضل اقتراح كحل بناء على ثقتك المدعومة بأدلة على تفوق هذا الاقتراح.
٦. إذا كان هناك خلاف على القرار المتخذ فكر/ي في أسباب هذا الخلاف من وجهة نظر كل طرف.

### تمرين ٢٠: أسئلة محددة

الأسئلة التالية مبنية على الحالة التي تم تقديمها للدراسة. فكر/ي في كل سؤال وبعد الإجابة عل جمع الأسئلة ابدأ/ابدئي في التفكير في اقتراحك بالنسبة لموضوع الحالة المطروح بشأن توحيد العملة.

١. إذا كانت جامعة الدول العربية في وضع صعب لاتخاذ قرار فكر/ي في أسباب هذه الصعوبات.
٢. ما هي الاعتبارات التي ينبغي أن تتخذها الجامعة العربية عند اختيار قرار بشأن إصدار عملة موحدة؟ قيّم/ي الجوانب الإيجابية والسلبية لكل اختيار.
٣. ما هي الاعتبارات التي ينبغي أن تتخذها الدول العربية الغنية والدول ذات الدخل المتوسط والمنخفض عند النظر في قرار إصدار عملة موحدة؟
٤. ما هي البدائل المتوفرة لجامعة الدول العربية نحو الوصول لهدفها نحو توحيد العملة للدول العربية؟ قيم/ي مزايا وعيوب كل بديل.
٥. قيّم/ي القرار المتخذ كأفضل قرار مسترشدا/مسترشدة بالأدلة المقنعة التي تؤيد القرار المُتخذ.
٦. ما هو الخيار الذي يحقق أفضل فائدة للفرد والدولة والأمة؟
٧. بم تنصح/ين الدول العربية الغنية والدول ذات الدخل المتوسط والمنخفض تجاه اقتراح إصدار عملة عربية موحدة؟
٨. وبم تنصح/ين جامعة الدول العربية في ضوء مسؤوليتها كمنظمة عربية وقدرتها على تمثيل الدول الأعضاء بها؟
٩. كيف يمكن تنفيذ القرار الذي اخترته خطوة بخطوة؟

## مصادر إضافية مقترحة للبحث

لاستكشاف أبعاد موضوع توحيد العملة العربية بشكل موسّع اطلعوا على المصادر المختارة التالية التي تشمل آراء متعددة حول الموضوع. في حالة عدم التمكن من البحث باستخدام المواقع الإلكترونية المقترحة، اختر/اختاري بنفسك مصادر إلكترونية أخرى تتناول هذه المواضيع أو ما يشابهها.

١. دراسة إصدار عملة عربية موحدة

"جامعة الدول العربية تدرس إطلاق عملة موحدة

اتحاد المصدرين: الربيع العربي سيعزز من إمكانية تطبيق المقترح"

https://www.alarabiya.net/articles/2012/09/29/240787.html

"الجامعة العربية تدرس عملة عربية موحدة"

https://www.skynewsarabia.com/business/47833-الجامعة-العربية-تدرس-عملة-عربية-موحدة

٢. أراء العرب على الإنترنت نحو العملة الموحدة

تحديات تحقيق إصدار عملة موحدة

"خبراء يكشفون "عقبات" و"شروط" إصدار حلم العربية الموحدة"

https://www.masress.com/masrawy/5395064

٣Z. تساؤلات حول تنفيذ مشروع عملة موحدة

"عملة موحدة . . . كيف؟!"

https://www.alittihad.ae/wejhatarticle/68409/-كيف-موحدة-عربية-عملة

٤. أراء العرب على الإنترنت نحو العملة الموحدة

"ما هو الأثر الاقتصادي والاجتماعي للعملة العربية الموحدة"

https://specialties.bayt.com/fr/specialties/q/93507

٢

الوحدة الثانية

# التوظيف

## أهداف الوحدة الدراسية

سنتعلم في هذه الوحدة عن:

- التوظيف واستقدام العمالة الوافدة
- آثار الاعتماد على العمالة الوافدة في الدول المتلقية لها
- كتابة السيرة الذاتية ورسالة طلب وظيفة وعقود العمل
- الشركات العائلية وحوكمتها والتحديات التي تواجهها
- دراسة حالة: شركة الرابحي العائلية وحوكمتها عبر الأجيال

# استحضار معلومات

اكتب/ي الإجابة على الأسئلة التالية بناء على معلوماتك عن سوق العمل في العالم العربي وناقش/ي إجاباتك في الصف.

١. ما هي الدول العربية التي تظن/ين أن بها وظائف كافية لمواطنيها؟
٢. ما هي الدول العربية التي فيها نسبة البطالة مرتفعة؟
٣. ما هي الدول العربية التي بها وظائف فائضة؟
٤. كيف تحل هذه الدول مشكلتها في شغل الوظائف الفائضة بها؟
٥. ما هي العوامل التي تُجبر المواطنين على ترك بلدهم والبحث عن عمل في الخارج؟

## القراءة ١

**تمرين ١: إلقاء نظرة عامة على النص**

ألق/ي نظرة سريعة على عنوان النص والصورة فيه والفقرتين الأولى والأخيرة والحقائق الرقمية في النص التالي ثم أجب/أجيبي على الأسئلة التالية:

١. أي الدول العربية أكثر اعتمادا على العمالة الوافدة (الأجنبية)؟
٢. أي الدول العربية فيها أعلى نسبة بطالة بين الشباب؟

**تمرين ٢: الحقائق الناقصة**

من خلال النظرة السريعة، ابحث/ي في النص عن الحقائق الناقصة في الجمل التالية.

١. نسبة العمالة الوافدة في قطر _____ وفي الإمارات _____ وفي الكويت _____

٢. نسبة البطالة بين الشباب في ليبيا _____ وفي مصر _____

٣. إجمالي عدد السكان في دولة الإمارات العربية المتحدة _____ وعدد المواطنين منهم _____ نسمة

**تمرين ٣: تعبيرات هامة في السياق النصي**

اقرأوا الجمل التالية وحاولوا تخمين معاني الكلمات التي تحتها خط من خلال جذر كل كلمة ونمطها وسياق الجملة المستخدمة فيها. ثم حاولوا استبدال تلك المفردات بمرادفات مساوية لها في المعنى.

١. "في المناطق العربية الأخرى لا يوجد بها فرص عمل كافية للجميع وينتج عن ذلك <u>بطالة مستشرية</u>"
   العبارة المرادفة لـ "بطالة مستشرية": _____

٢. "يُلاحظ اتجاه تصدير العمالة من بعض البلدان <u>العربية المانحة للعمالة</u> إلى الدول التي قوتها العاملة المحلية لا <u>تُلبّي احتياجاتها</u>"

العبارة المرادفة لـ "البلدان العربية المانحة للعمالة": _____

العبارة المرادفة لـ "تُلبّي احتياجاتها": _____

٣. "وتتولى مكاتب توظيف بالقطاع الخاص مهمة <u>استقدام العمال</u> من الدول المانحة للدول المتلقية للعمالة الوافدة"

العبارة المرادفة لـ "استقدام العمال": _____

٤. "ولكن غياب المعاهد المهنية والصناعية في دول الخليج <u>يُعثّر</u> تطبيق خطط توطين الوظائف"

التعبير المرادف لـ "يُعثّر": _____

٥. "وإعادة النظر في إمكانية فتح باب أوسع لعمالة النساء الخليجيات وتحفيز الشباب الخليجي على إقامة مشاريع استثمار والعمل بها <u>لسد العجز</u> في سوق العمل الوطني"

العبارة المرادفة لـ "سد العجز": _____

**تمرين ٤: التعرف على الأفكار الرئيسية في النص:**

١. اقرأوا الفقرتين الأولى والثانية باحثين عن الفكرة الرئيسية فيهما.

٢. اقرأوا الفقرة الأخيرة باحثين عن الخُلاصة لهذا النص.

النص

## سوق العمل

تتباين الدول العربية فيما بينها من ناحية طرق التوظيف وتوفر العمالة الكافية بها. فبينما أغلبية الدول المصدّرة للنفط (البترول) في منطقة الخليج بها فُرص توظيف تفوق قوّتها العاملة فإن أكثر الدول التي يتوفر بها العمّال الماهرين في المناطق العربية الأخرى لا يوجد بها فرص عمل كافية للجميع وينتج عن ذلك بطالة مستشرية. ومن هذا التباين يُلاحظ اتجاه تصدير العمالة من بعض البلدان العربية المانحة للعمالة إلى الدول التي قوتها العاملة المحلية لا تُلبّي احتياجاتها. ولذلك وصلت مثلا نسبة العمالة الوافدة في عام ٢٠١٥ إلى معدلات مرتفعة في عدد من دول مجلس التعاون الخليجي من بينها دولة قطر تقريبا ٩٥٪ و الكويت أكثر من ٨٥٪[١]. وفي المقابل وصلت نسبة البطالة بين الفئة العمرية ١٥-٢٤ في ليبيا تقريبا ٤٢٪ وفي الأردن ما يزيد عن ٣٧٪ وفي مصر ما يزيد عن ٣٢٪ حسب تقرير البنك الدولي لعام ٢٠١٨[٢].

وتتولى مكاتب توظيف بالقطاع الخاص مهمة استقدام العمال من الدول المانحة للدول المتلقية للعمالة الوافدة لملء الوظائف الشاغرة مقابل عمولة معينة. وتقوم تلك المكاتب بنشر إعلانات توظيف ومراجعة السير الذاتية والمؤهلات الأكاديمية والتثبت من حسن سير وسلوك العناصر البشرية والكفاءات المؤهلة التي تنتقيها حسب شروط عملائهم. وبعد التعاقد تقوم مكاتب التوظيف عادة بترتيب الأوراق الرسمية اللازمة للإقامة

والسفر مثل تأشيرات العمل وغيرها من المستندات التي يتم الحصول عليها قبل انتقال العمّال للعمل والإقامة في البلدان التي تستقبلهم.

ومنذ عدة سنوات تبنّت الدول العربية الخليجية المصدّرة للنفط سياسات تهدف لدعم توطين العمالة بها فمثلا الكويت انتهجت سياسة "التكويت" وسلطنة عُمان "التعمين" الإمارات العربية المتحدة "الأمرتة" والسعودية "السعودة" لاستيعاب القوى البشرية الوطنية وتقليص الاعتماد على العمالة الوافدة وخصوصا في مجالات التقنية والصيرفة والوظائف ذات المكانة الاجتماعية العالية بصفة عامة. وهذه السياسات التي تُمارَس في دول الخليج تأتي ضمن خطة عمل حكومية قد حققت نجاحا باهرا في بعض المجالات. وبالرغم من تحقيق نسب توطين عالية في بعض الدول إلا أن هذه السياسات والاستراتيجيات تعاني من تحديات عديدة مثل الرواتب المرتفعة التي يطالب بها العمال المواطنون والنمو المتزايد في القطاع الخاص والذي لا يخضع بصورة كاملة تحت سيطرة الحكومة وأيضا قلة المعاهد الصناعية والمهنية. ولتفعيلها بشكل أكبر بعض الدول الخليجية بادرت بإقامة معارض توظيف المواطنين العاطلين وإعادة النظر في إمكانية فتح باب أوسع لعمالة النساء الخليجيات وتحفيز الشباب الخليجي على إقامة مشاريع استثمار والعمل بها وانشاء صناديق تنمية لإعانة الموارد البشرية المحلية ليتم تأهيلها لسد العجز في سوق العمل الوطني. ولكن أشد هذه التحديات تعقيدا ما يزال التركيبة السكانية للدول الخليجية فمثلا حسب إحصائيات الهيئة الاتحادية للتنافسية والإحصاء المنشورة في البوابة الرسمية لحكومة الإمارات العربية، في عام ٢٠١٦ بلغ العدد الإجمالي لسكان دولة الإمارات من مواطنين ومقيمين ما يفوق تسعة مليون من بينهم ما يقل عن مليون نسمة من المواطنين.

١. https://gulfmigration.org/gcc-percentage-nationals-non-nationals-employed-population-gcc-countries-2015/

٢. https://data.worldbank.org/indicator/SL.UEM.1524.ZS

## المصطلحات الهامة

القوة العاملة: مجموع الأشخاص القادرين على العمل لدى الدولة وتسمى أحيانا بـ "الأيدي العاملة"
العمال الماهرين: العمال الذين لديهم كفاءة علمية وعملية في مجال ما
بطالة مستشرية: عدم العمل المنتشر بتوسع بسبب قلة أو عدم وجود وظائف
وظائف شاغرة: وظائف خالية
عمولة معيّنة: مقدار مالي مُحدّد يُتفق عليه مقابل تأدية مهمة محددة أو خدمة
السيرة (ج. السير) الذاتية: وثيقة تشمل سجل العمل والمؤهلات لشخص يتقدم لوظيفة
تأشيرات العمل: تصاريح بالتوظيف في بلد آخر
توطين الوظائف: ملأ الوظائف الخالية بموظفين من مواطني البلد نفسها وليس بأجانب
تقليص الاعتماد على العمالة الوافدة: خفض نسبة توظيف العمال الأجانب

## بعد القراءة

### تمرين ٥: نشاط مفردات

اختاروا التعبير المناسب لإكمال الجمل أدناه بدون النظر في النص السابق. غيّروا نمط الكلمة (مثلا زمن الفعل وتصريفه، حركة الإعراب، إلخ) كي تُناسب السياق الذي توضع فيه.

تحقيق • ينتقي • يفوق • ضِمن • إعادة النظر •
بادر • توطين • يُمارس • يتبنّى

١. أغلبية الدول المصدّرة للنفط (البترول) في منطقة الخليج بها فُرص توظيف ____________ قوتها العاملة.
٢. تقوم تلك المكاتب بنشر إعلانات توظيف ومراجعة السير الذاتية والمؤهلات الأكاديمية والتثبت من حسن سير وسلوك العناصر البشرية والكفاءات المؤهلة التي ____________ ها حسب شروط عملائهم.
٣. في الآونة الأخيرة ____________ الدول المصدّرة للنفط سياسات تهدف لدعم توطين العمالة بها.
٤. وهذه السياسات التي تُمارس في دول الخليج تأتي ____________ خطة عمل حكومية.
٥. وبالرغم من تحقيق نسب ____________ عالية في بعض الدول إلا أن هذه السياسات والإستراتيجيات تُعاني من تحديات عديدة مثل الرواتب المرتفعة التي يطالب بها العمال المواطنون.
٦. ولتفعيلها بشكل أكبر بعض الدول الخليجية ____________ بإقامة معارض توظيف المواطنين العاطلين و ____________ في إمكانية فتح باب أوسع لعمالة النساء الخليجيات.

## تمرين ٦: تعبيرات هامة في السياق النصي

اقرأوا الفقرات التي جاءت منها التعبير ات التالية التي تحتها خط ثم اختاروا الإجابة الصحيحة التي تصف معنى التعبيرات في سياق النص السابق.

١. تقوم تلك المكاتب بنشر إعلانات توظيف ومراجعة السير الذاتية والمؤهلات الأكاديمية و<u>التثبت من حُسن سير وسلوك</u> العناصر البشرية.
   أ. التأكد من أصالة شهادات المتقدم للوظيفة
   ب. التأكد من أن مظهر الشخص مقبول
   ج. مراجعة سجل أخلاق وتصرفات الشخص
٢. تقليص الاعتماد على <u>العمال الوافدين</u>. .
   أ. العمال غير المؤهلين
   ب. العمال غير الوطنيين
   ج. العمال غير الشرعيين
٣. وإعادة النظر في إمكانية فتح باب أوسع لعمالة النساء الخليجيات و<u>تحفيز</u> الشباب الخليجي على إقامة مشاريع استثمار <u>لسد العجز</u> في سوق العمل.
   أ. تشجيع وتنشيط
   ب. تحريض وإثارة
   ج. تمويل ودعم مادي

   أ. لإغلاق الفُرص للأجانب
   ب. لفتح الوظائف الجديدة
   ج. لملء نقص العمالة

### تمرين ٧ : أسئلة للاستيعاب والفهم

أجيبوا على الأسئلة التالية بعد قراءة دقيقة ومتمعنة للنص وحددوا رقم الفقرة التي جاءت منها الإجابات على الأسئلة ٢-٥.

١. ما الفكرة الرئيسية للنص؟
٢. لماذا تلجأ الدول المتلقية للعمال الأجانب إلى مكاتب التوظيف؟
٣. ما السبب وراء "توطين" القوة العاملة؟
٤. ما التحديات لسياسة توطين العمال؟
٥. ما الحلول المقترحة لازدياد توطين العمال؟

### تمرين ٨ : أسئلة للاستنتاجات من النص

اقرأوا النص مرة أخرى باحثين عن المعلومات التالية.

١. ما هو نمط هجرة الأيدي العاملة في العالم العربي؟
٢. أي القطاعات الاقتصادية المستهدفة في توطين العمالة؟
٣. ما هي الاستراتيجيات التي تتبعها حكومات دول مجلس التعاون الخليجي في توطين العمالة بها؟
٤. كيف تساهم "التركيبة السكانية" في تفاقم مشكلة العمال الوافدين في دول مجلس التعاون الخليجي؟

## القراءة ٢

### المصطلحات الهامة

هيكلها: شكلها، نمطها
فجوة: فرق
الرفاه الاقتصادي: حُسن الحال الاقتصادي
كما وكيفا: من حيث الحجم (العدد) والنوعية (الجودة)
قوة شرائية: مقدار السلع أو الخدمات التي يستطيع الفرد الحصول عليها باستخدام العملة المحلية في الشراء من السوق المحلي
سِعة السوق: طاقة/مقدرة السوق
توليد الوظائف: إنتاج وظائف جديدة
متدنية المهارات: قليلة القدرة أو غير متدربة

**معلومة إضافية هامة: نظام الكفالة**

نظام كان شائعا في سوق العمل بدول مجلس التعاون يحكم العلاقة بين المواطن صاحب/ة العمل (الكفيل/ة) والموظف/الموظفة الوافد/الوافدة (المكفول/ة). يأخذ هذا النظام أشكالا مختلفة باختلاف الدول ولكن بصفة عامة يجعل الكفيل/ة مسؤولا/مسؤولة عن المكفول/ة. وهذه المسؤولية كانت تمتد في غالب الأحيان إلى قيود على حرية تنقل وسفر المكفول/ة، وبحثه/ها عن عمل آخر بدون موافقة الكفيل/ة، وفسخ عقد العمل، واحتجاز وثائق وجواز السفر. وقد أدت بعض هذه القيود أحيانا إلى تعقيد العلاقة بين بعض العمال الوافدين وأصحاب العمل، خصوصا في حالة عدم التوافق بينهم، الأمر الذي أحيانا يؤدي إلى بحثهم عن عمل بدون كفالة وهي

ظاهرة تسمى "العمالة السائبة" أي بدون كفلاء/كفيلات. في السنوات الأخيرة قامت بعض دول المجلس بإعادة النظر في هذا النظام وتقديم مشروع قرار لتعديله أو إلغائه واستبداله مثلا بنظام تراخيص عمل وذلك أيضا تفاديا لانتقادات بعض المنظمات الحقوقية لهذا النظام.

النص

## سياسات الهجرة والعمل وأثرها على بطالة المواطنين في دول مجلس التعاون الخليجي (بتصرّف)

بحث كتبه عدنان فرحان الجوارين

شهدت دول مجلس التعاون هجرة تختلف في هيكلها عن الهجرات المعاصرة على نطاق العالم، إذ سيطرت العمالة الوافدة على النسبة الأكبر من قوة العمل في تلك الدول، بل أنه في بعض الدول أصبح الأجانب يمثلون الأغلبية والمواطنون يمثلون الأقلية كما هو الحال في دولة قطر والإمارات وغيرها. واتجهت العمالة المهاجرة في بدايتها إلى الكويت والبحرين ثم امتدت إلى باقي دول المنطقة، وفتحت الأبواب أمام العمالة المهاجرة بشكل كبير في منتصف السبعينات بعد الصدمة النفطية الأولى في عام ١٩٧٣ لتلبية الحاجة إلى القوى العاملة اللازمة لمشاريع البنية التحتية والتنمية الاقتصادية والتوسع الكبير في أنشطة الخدمات والتجارة والمقاولات في ظل نقص واضح في أعداد القوى العاملة المحلية التي كان القطاع العام يمثل المصدر الرئيسي لتوظيفها. وتشير الإحصائيات أن عدد الأجانب ارتفع من ما يقل عن مليون ونصف عامل في عام ١٩٧٥ إلى ما يزيد على ١١ مليون عامل عام ٢٠٠٨، أي أنه تضاعف بحوالي ثماني مرات.

ويعود التدفق الكبير للعمالة الأجنبية إلى دول المجلس إلى مجموعة من الأسباب أهمها:

١. ارتفاع أسعار النفط وزيادة الإيرادات النفطية لدول المجلس بشكل كبير خصوصا بعد عام ١٩٧٣ الأمر الذي أدى إلى استثمار تلك الإيرادات في إقامة مشاريع البنية التحتية والتنمية الاقتصادية، إلا أن عدم كفاية العمالة المحلية لإنجاز تلك المشروعات أدى للاستعانة بالعمالة الأجنبية.
٢. انخفاض نسبة مشاركة المرأة في قوة العمل في جميع دول المجلس خصوصا خلال فترة السبعينات والثمانينات أدى إلى استبعاد نسبة كبيرة من إجمالي قوة العمل الوطنية مما خلق فجوة في العرض المحلي من قوة العمل تم سد هذه الفجوة من خلال الاستعانة بالعمالة الأجنبية.
٣. ابتعاد العمالة الوطنية عن العمل في قطاعات معينة واتجاه الغالبية العظمى من تلك العمالة إلى العمل في دوائر القطاع العام خصوصا في المهن الإدارية والتنفيذية ولّد نقصا كبيرا في العمالة المطلوبة للقطاعات الأخرى، وخصوصا القطاع الصناعي وقطاع الخدمات، فتم اللجوء لاستقدام العمالة الأجنبية لسد ذلك النقص.
٤. عدم فرض ضرائب على الدخول والاستهلاك، مما عزّز من فرص زيادة الادخارات بالنسبة للعمال الأجانب أكثر مما هي في بلدهم الأم.

٥. امتلاك القوى العاملة الأجنبية كفاءات ومهارات تتناسب مع احتياجات القطاع الخاص.
٦. حالة الرفاه الاقتصادي التي تمرّ بها دول المجلس والتي منعت الكثير من المواطنين من التوجه لسوق العمل إلا حسب شروطهم الخاصة المتمثلة بالرواتب المرتفعة والمركز الاجتماعي.

وفضلا عن ذلك، قد قام العديد من العمال الأجانب بجلب عائلاتهم إلى دول المجلس، ففي بعض دول المجلس هناك عدد كبير من الوافدين الذين لا يعملون، وهؤلاء يكونون عادة مكفولين من الزوجات أو الأزواج، وهم ممنوعون قانونيا من القيام بأي نشاطات ذات أجر، إلا إذا قاموا بعملية نقل الكفالة إلى رب عمل يوظفهم بدوام كامل فأصبحت في كثير من تلك الدول نسبة الأجانب تفوق نسبة المواطنين.

وللعمالة الأجنبية آثار إيجابية على الاقتصاد مثل:
١. سد الفجوة الكبيرة بين الطلب على العمالة اللازمة لتحقيق مشاريع التنمية الاقتصادية والعرض المحدود كمّا وكيفا من العمالة الوطنية.
٢. دعم وتطوير الإدارة الحكومية ومؤسساتها الإدارية والحكومية الناشئة، وتدريب وتأهيل الكوادر الوطنية من خلال التعليم والتدريب، إذ تولى المعلمون والخبراء الأجانب مهمة تعليم وتدريب الكوادر الوطنية، فمثلا بلغت نسبة المعلمين الأجانب في جميع المراحل التعليمية في عام ١٩٧٢ ما يقارب ٩٢٪ من إجمالي المعلمين.
٣. مثّلت العمالة الوافدة قوة شرائية كبيرة ساهمت في زيادة سعة السوق المحلي أمام السلع المنتجة سواء المحلية أم المستوردة وتوسّع الطلب على العقارات والاستثمار في البناء من أجل التأجير مما أسهم في إنعاش جانب النشاط الإنتاجي المحلي وتنشيط قطاع التجارة الداخلية والخارجية.
٤. ساهمت العمالة الوافدة بتحقيق معدلات ربح مرتفعة للقطاع الخاص نظرا لانخفاض أجورها مقارنة بالعمالة الوطنية، فضلا عن أن استخدام العمالة الأجنبية المؤهلة وفّر على مؤسسات القطاع الخاص تكلفة التدريب والتأهيل.

وبالرغم من الآثار الإيجابية للعمالة الأجنبية فإن تواجدها بالأعداد الكبيرة له آثار اقتصادية واجتماعية وسياسية خطيرة منها:
١. ارتفاع قيمة التحويلات المالية للعمالة المهاجرة إلى بلدها الأصلية، اذ وصلت قيمة تلك التحويلات خلال المدة ١٩٧٥-٢٠٠٢ إلى أكثر من ٤١٣ مليار دولار، فضلا عن تحويلات غير رسمية قُدرت بحوالي ١٠ مليارات دولار. وتشكل هذه التحويلات استنزافا للموارد المالية لدول المجلس فضلا عن تخفيض مخزون هذه الدول من العملات الأجنبية الصعبة.
٢. ارتفاع أعداد العمالة المهاجرة أدى إلى الضغط على السلع والخدمات، إذ تحصل هذه العمالة ومرافقيهم على خدمات التعليم والصحة واستخدام المرافق العامة بشكل مجاني أو بمقابل رمزي.
٣. إعاقة برامج تنمية الموارد البشرية في ظل تزايد أعداد القوى العاملة الأجنبية مما يحد من تشغيل القوى العاملة الوطنية ويحد من فرص تطوير قدراتهم ومهاراتهم العملية وعدم الاهتمام بعملية التدريب والتأهيل.
٤. عند تحليل آلية توليد الوظائف في القطاع الخاص نجد أن نمط توليد الوظائف متدنية المهارات وارتباطه بنظم وإجراءات استقدام العمالة الأجنبية شجّع على تجديد واستمرار الطلب على العمالة المهاجرة بصورته الراهنة في دول مجلس التعاون. هناك مناطق مختلفة في العالم ينمو فيها الطلب على المهن الغير ماهرة إلا أن خصوصية الوضع الخليجي تكمن في ترابط الطلب على هذه المهن بنظام "الكفيل" الأمر الذي أوجد مصلحة لا تكون مرتبطة بالضرورة باحتياجات السوق الفعلية مما أدى إلى تضخم الأنشطة التجارية ووجود الفائض من العمالة الأجنبية عبر نظام "الفيزا الحرة" أي سوقا مخفية للعمالة الوافدة إضافة للسوق الرسمية.

وقد انتهجت دول المجلس سياسات واستراتيجيات لتوطين العمالة إلا أنها لم تحقق النجاح المرجو لتواجد تحديات منها:

١. عدم تناسب مخرجات التعليم مع احتياجات سوق العمل.
٢. انخفاض مستوى الرواتب في القطاع الخاص بحيث لا تُلبّي طموحات المواطن مقارنة مع القطاع العام.
٣. ترسّخ بعض الصفات والسمات السلبية لدى أرباب العمل بأن المواطن لا يملك الطاقة والقدرة على تلبية متطلبات الوظيفة.
٤. اهتمام المواطن بالمُسمّى الوظيفي أكثر من اهتمامه بطبيعة الوظيفة نفسها، وذلك كون المسمى يمثل لديه جزء من الوجاهة الاجتماعية.
٥. غياب مشاركة القطاع الخاص في وضع سياسات التدريب المهني وفي تنفيذ سياسات التوطين.

وفي ضوء ما سبق نقدم التوصيات التالية لحل مشكلة الازدياد المطرد في العمالة الوافدة وتحفيز العمالة الوطنية على الإقبال على العمل في مختلف القطاعات الاقتصادية:

١. وضع الخطط والاستراتيجيات الكفيلة بتنويع اقتصادات دول المجلس وتوسيع القاعدة الإنتاجية من أجل توفير عدد أكبر من فرص العمل للعمالة المواطنة.
٢. إصدار قوانين تُعنى بدعم العمالة الوطنية على أن تتم مراجعة هذه القوانين بشكل دوري تماشيا مع تطورات سوق العمل ومتطلبات القطاع الخاص، على أن تتضمن هذه القوانين تقديم إعانات ومساعدات لشركات القطاع الخاص من أجل تشجيعها على توظيف العمالة المحلية، وأن تتضمن دعما حكوميا لتدريب وتأهيل العمالة الوطنية بشكل جاد وحسب متطلبات سوق العمل. ووضع القيود على تدفّق العمالة الأجنبية من قُبيل رفع أجور التأمين الصحي وفرض الضرائب ورفع الرسوم على استقدام العمالة وتشغيلها من أجل رفع تكلفتها مقارنة مع العمالة المحلية، ووضع نِسَب لتشغيل العمالة الأجنبية على أن يلتزم بها القطاع الخاص.
٣. وضع الاستراتيجيات الخاص بتطوير التعليم ووضع الخطط اللازمة لتحقيق الموائمة بين متطلبات سوق العمل والتعليم وذلك من خلال رفع نسبة خريجي الدراسات العلمية بشكل أكبر من الدراسات الإنسانية ورفع نسبة التعليم المهني.
٤. التعاون بين الحكومة والعمال وأرباب العمل من أجل إيجاد الحلول المناسبة لمشكلة بطالة المواطنين بالشكل الذي لا يلحق الضرر بأرباب العمل أو العاملين.
٥. تبنّي السياسات الهادفة إلى رفع نسبة مشاركة المرأة في قوة العمل.
٦. إنشاء مكاتب تقدّم خدمات التوظيف والبحث عن عمل للمواطنين بشكل مباشر سواء الباحثين عن عمل من خلال تقديم المعلومات عن فرص العمل المتوفرة، وتسجيل العاطلين عن العمل وإرشادهم إلى برامج التدريب المناسبة لإعادة دمجهم في سوق العمل، أو لصُنّاع القرار من خلال توفير المعلومات حول العرض والطلب في سوق العمل.
٧. من الممكن الاستفادة من تجارب الدول الأخرى في مجال التنسيق بين التعليم والتشغيل.

المصدر: مجلة الاقتصادي الخليجي العدد (٢٤) لسنة ٢٠١٣صفحة ١-٣٩ https://www.iasj.net/iasj?func=fulltext&aId=78678

## بعد القراءة

### تمرين ٩: أسئلة للمناقشة والحوار

بعد قراءة النص وفهمه بصورة أدق، دوّنوا في الجدول التالي التأثير الإيجابي والسلبي لكل من النواحي المذكورة في الجدول، وفكروا أيضا في أدلة تؤيد آراءكم. بعد تدوين كل المعلومات ناقشوها مع زملائكم في حوار شفوي.

بيّنوا مدى تأثير العمال الوافدين على كل مما يلي:

| الناحية وتأثيرها | الإيجابي | السلبي |
|---|---|---|
| البنية التحتية لدول المجلس | | |
| برامج التعليم والتدريب | | |
| ازدياد القوة الشرائية وتوسيع السوق | | |
| المخزون من العملات الأجنبية لدول المجلس | | |
| تحقيق أرباح في القطاع الخاص | | |
| مشاركة المرأة الخليجية في القوة العاملة | | |

### تمرين ١٠: أسئلة للحوار والمناقشة

١. ناقش/ي الأسئلة التالية مع زملائك في الصف وحاول/ي اقناعهم بوجهة نظرك باستخدام أمثلة.
٢. ما تأثير الاستعانة بالعمال الوافدين على المخططات التنموية للدول التي تحتاجها؟
٣. هل العمال الوافدون عنصر مُنافس أم مُكمّل للقوة العاملة الوطنية؟ أيد/ي رأيك بأدلة.
٤. هل من المطلوب وضع حد أدنى للأجور بالنسبة للعاملين الوافدين؟ أيد/ي رأيك بأسباب مقنعة.
٥. ما تأثير الاعتماد على العمال الوافدين في المدى البعيد على اقتصاد الدول المتلقية لهم؟
٦. يقترح البعض حلولا لمشكلة العمالة الوافدة ومنها التركيز على تجنيس العمال العرب الوافدين لأنهم أقرب لغويا وثقافيا لسكان الدول المتلقية لهم. ولكن البعض الآخر يقدم اقتراح تشغيل النساء من دول الخليج كحل أفضل لأنه يمكن أن يخفّض نسبة البطالة بين العمال الوطنيين. ادرس/ي هذين الاقتراحين وقدّم/ي توصياتك بشأن التوظيف في دول مجلس التعاون الخليجي.

### تمرين ١١: بحث في الإنترنت

اختر/اختاري دولة من دول مجلس التعاون الخليجي وابحث/ي المعلومات التالية عنها ثم قدّم/ي بحثك في الصف للزملاء وكن/كوني مستعد/ة للإجابة على أسئلتهم.

١. عدد السكان الإجمالي ونسبة الأجانب المقيمين بها
٢. نسبة العمالة الوطنية مقابل نسبة العمالة الأجنبية
٣. القطاعات التي يفضلها العمال المواطنون
٤. القطاعات التي يعمل بها أكبر نسبة من العمال الأجانب
٥. نظام الكفالة الحالي (إن وجِد)
٦. سياسة التوطين ومدى فعاليتها
٧. قدم/ي توصياتك لتحسين الاقتصاد وقوانين العمل بالدولة.

### تمرين ١٢: خلفيتك الوظيفية والعملية

١. كيف وجدت أول وآخر وظيفة لك؟
٢. كيف تمت عملية توظيفك؟
٣. هل عملت خارج بلدك؟ ماذا كانت مزايا تلك الوظيفة؟
٤. هل بلدك من البلدان المانحة أم المتلقية للعمال الوافدين؟

### المصطلحات الهامة

لَفَتَ/يلفِتُ نظر: يشجع الانتباه إليه
بدِقّة مُتَناهية: في أكبر درجة من الرعاية
تسليط الضَوء على: تركيز الانتباه إلى
السَرد التاريخي: ترتيب حسب تسلسل الوقت
منصب (ج. مناصب): وظيفة/وضع مهني في شركة/منظمة
كَشف الدرجات: سجل أكاديمي للدرجات في كل مادة أو صف دراسي

## كتابة سيرتك الذاتية

السيرة الذاتية هي ملخص كتابي لمؤهلاتك العلمية والمهنية وخبرات العمل وعن طريقها تقدم/ين نفسك لصاحب/ة العمل بغرض لَفت نظر من يقرأها لتأهيلك للوظيفة المُعلن عنها واقناع من يراجع تلك المعلومات بمقابلتك لمعرفة المزيد عنك. لذلك يجب إعدادها وصياغتها بدقة متناهية في ضوء الإعلان الوظيفي ووصف الوظيفة لتسليط الضوء على مؤهلاتك وخبراتك العملية وخصوصا إنجازاتك والمهارات الخاصة التي ساعدتك في تحقيق الإنجازات التي ترتبط بالوظيفة مباشرة. ولهذا يجب على الباحث/ة عن وظيفة إعداد سير ذاتية كل منها تتماشى مع الوظيفة المُعلن عنها. أحد الطرق المُتَّبَعة في إعداد السير الذاتية هي السرد التاريخي المتسلسل للمؤهلات العلمية والخبرات العملية والتطور الوظيفي، من وظائف ومناصب حديثة إلى وظائف سابقة. حسب هذه الطريقة توضع الشهادات العلمية والمؤهلات بالتسلسل من أحدثها إلى أقدمها ثم تليها الخبرات الأكثر حداثة إلى أقدمها وهكذا. وتحت كل بند من بنود الخبرات العملية يوضع ملخص لأهم المسؤوليات الإنجازات.

وإذا توفرت لديك مهارات أو قدرات خاصة، مثل إتقان لغات أجنبية، أو مهارات الكمبيوتر أو تصاريح ورُخص تميزك عن المتنافسين الآخرين، فيُفضل إضافتها في السيرة الذاتية في جزء خاص يبين مدى كفاءتك وإتقانك للغات ومدة صلاحية التصاريح والرُخص وصلتها بالوظيفة التي تقدم/ين طلبا للحصول عليها.

وعند طلب العمل في شركة أو مؤسسة عربية من المُتّبع في بعض من الأحيان إعطاء معلومات شخصية إضافية مثل الحالة الاجتماعية (مثلا متزوج/متزوجة، أعزب، عازبة، إلخ) والجنسية بالإضافة إلى صورة شخصية حديثة. وليس من الغريب أيضا أن تطلب الشركة أو المؤسسة كشف الدرجات للمواد الدراسية التي أكملتها وصورة للشهادة العلمية التي حصلت عليها إلى جانب السيرة الذاتية للتأكد من أنك بالفعل قد حصلت على تلك المؤهلات العلمية.

ومن المهم عند كتابة السيرة الذاتية تفادي الأخطاء اللغوية والمطبعية لأن وجودها يعطي انطباعا سلبيا لدى أصحاب العمل. كما ويُنصح بمراجعة السيرة الذاتية بنفسك أو إعطائها لشخص آخر لمراجعتها قبل إرسالها. أخيرا كُن/ي صادقا/صادقة في تقديم الحقائق عن خلفيتك ولا تبالغ/ي في كفاءتك ولا تغالي في مستوى الوظائف التي شغلتها. الصدق والأمانة في تقديم المعلومات في غاية الأهمية لإقامة علاقة مبنية على الثقة والمصداقية بينك وبين صاحب/ة العمل.

نموذج لسيرة ذاتية (مُعدة حسب الترتيب الزمني)

**المعلومات الشخصية:**
- الاسم الثُّلاثي
- عنوان السكن
- رقم الهاتف
- عنوان البريد الإلكتروني (الإيميل)

**الشهادات والدرجات العلمية:**
- ابدأوا بأحدث شهادة حصلتم عليها والجهة (الجامعة، المعهد، المدرسة، إلخ) التي أصدرت الشهادة أو الدبلوم.
- اذكروا فترات الدراسة بالخارج والمواد الدراسية التي أكملتموها.

**الخبرات العملية:**
في هذا الجزء يمكنكم إعطاء معلومات عن فترات العمل أو التدريب، اسم وعنوان الشركة أو المؤسسة التي عملتم بها ومُسمّى الوظيفة.
- وصف مسؤوليات العمل لا يكفي بل الإنجازات التي حققتموها في وظائفكم السابقة هي الأهم
- أضيفوا هنا أيضا نشاطاتكم التطوعية (العمل بدون أجر) مثلا التطوّع لتدريس الأطفال الصغار، فترة تدريب في منظمة غير ربحية تبين مهاراتكم العملية، إلخ.

**اللغات الأجنبية:**
في هذا الجزء اذكروا اللغات الأجنبية وقدراتكم أو كفاءتكم فيها (مثلا مستوى متقدّم/متوسّط في القراءة، الكتابة، المحادثة، الاستماع).

**التراخيص أو التصاريح:**
إذا كان لديكم تراخيص أو تصاريح (مثلا تصريح العمل ببلد) اذكروا نوع الترخيص أو التصريح.

**مهارات الحاسوب (الكمبيوتر):**
في هذا الجزء اذكروا مهاراتكم الخاصة في استخدام التكنولوجيا مثل الكمبيوتر وبرامجه.

**مصادر التوصية:**
يمكنكم تقديم أسماء أشخاص يمكن الاتصال بهم للتثبت من مؤهلاتكم وخبراتكم وسلوككم في نطاق العمل أو الحصول منهم على رسائل توصي بتعيينكم.

تمرين ١٣: مناقشة حول السير الذاتية

بناء على المعلومات التي تعلمتها من نص القراءة والنموذج السابق للسيرة الذاتية، ناقش/ي مع الزملاء في الصف التشابهات والاختلافات التي لاحظتموها بين نوع البيانات وتقديمها في نموذج السيرة الذاتية هنا وفي السيرة الذاتية المطلوبة للتوظيف في بلدك.

### تمرين ١٤: إعداد سيرتك الذاتية

قوموا بإعداد سيركم الذاتية مستعينين بالمعلومات في النص السابق والنموذج للسيرة الذاتية الذي سبق تقديمه أعلاه. وفيما يلي ستجدون أيضا بعض الأفعال الحركية التي يُفضَّل استخدامها في التعبير عن المهام والمسؤوليات في السجلّ الوظيفي.

### بعض الأفعال الهامة في كتابة السير الذاتية

عن الإدارة: (أدرتُ، بنيتُ، ترأّستُ، غيّرتُ، أرشدتُ، عيّنتُ، قيّمتُ، حسّنتُ، قلّلتُ من، أعلنتُ عن)
عن البحث: (رتّبتُ، حلّلتُ، جمّعتُ، أحصيتُ، ركزتُ على، بحثتُ، ترجمتُ، تنبّأتُ ب)
عن قدرة العمل مع الآخرين: (ساعدتُ في/على، كثّفتُ (الجهود)، أقنعتُ . . . بـ، شرحتُ . . . لـ، تفاوضتُ مع)
عن القدرة على الإبداع: (طوّرتُ، أعدتُ صياغة، اقترحتُ، اكتشفت)
عن النجاح: (تفوّقت في، برزتُ، فُزتُ في/بـ، تقدّمتُ، حصلتُ على منحة)

### تمرين ١٥: مراجعة السيرة الذاتية

راجع/ي السيرة الذاتية لزميل/ة وتبادلا معا الاقتراحات بالتغيير والتعديل وتناقشا معا.
قبل البحث عن وظيفة فكّر/ي مليا في خطتك للمستقبل القريب والبعيد أولا!!!
أيضا تذكّر/ي أن العالم العربي واسع جغرافيا وبه فرص عمل متنوعة ومستويات معيشة ودخل متعددة.

## كتابة رسائل طلب وظيفة

رسالة طلبك للوظيفة يجب أن تحتوي على الأجزاء التالية:

١. إسم المدينة والتاريخ (اليوم، الشهر، السنة):
مثال:
واشنطن في ١٥ آب/أغسطس ٢٠١٩

٢. الاسم وعنوان البريد الإلكتروني:
مثال:
جون دو
johndoe@gmail.com

٣. تحية الافتتاح:
السيد/ة الفاضل/ة (يتبعه اللقب: مُدير/ة . . .)
مثال:
السيد/ة الفاضل/ة مدير/ة إدارة الموارد البشرية

من بين الألقاب الهامة
- السيّد/ة. . . المُحترم/ة (يُستخدم كتحية عامة، أحيانا يتبعه المُسمى الوظيفي، مثل: السيد الدكتور، السيد المهندس، إلخ)
- الأستاذ/ة الدكتور/ة (أساتذة/أستاذات في الجامعات)

- سعادة/مدير عام إدارة (لمدراء إدارات كبيرة)
- معالي الوزير/ة، السفير/ة. . . المُبَجّل/ة، المحترم/ة (للوزراء/الوزيرات والسفراء/السفيرات)

أكثر التحايا الافتتاحية شيوعا

- بعد التحية،
- تحية طيبة وبعد،
- سيدي المدير،
- أمّا بعد،

٤. الموضوع: (الغرض من كتابة الرسالة)
مثال:
طلب وظيفة (يتبعها المُسمى الوظيفي مثل مُترجم، مُحاسب، مُهندس)

٥. مقدمة توضح سبب ارسال الرسالة:
مثال:
يُسعِدُني ويشرّفُني أن أتقدّم بهذا الطلب . . .

٦. موضوع الرسالة نفسها:
في هذا الجزء يجب أن تذكروا:

- مصدر معرفتكم بالوظيفة الشاغرة (مثلا إعلان قرأتموه على الإنترنت، أو في صحيفة، أو في أي مصدر آخر)،
- مُسمى الوظيفة (مدرّس، موظّف، مهندس)
- الشهادات العلمية التي تؤهلكم للوظيفة
- الخبرات العملية التي تتوافق مع الوظيفة المُعلَن عنها.
- إثبات توافق أو تطابق بين الوظيفة ومؤهلاتكم وخبراتكم السابقة

٧. تحية نهاية الرسالة:
أمثلة:

- وتفضّلوا بقبول وافر الاحترام،
- وتفضّلوا بقبول فائق الاحترام،

٨. التوقيع: إما بالاسم الكامل مكتوبا بخط واضح أو التوقيع اليدوي بخط اليد الذي تستخدمونه وتحته الاسم مطبوعا

٩. المُرفَقات: هنا يجب ذكر اسم كل المرفقات التي ستكون طي الرسالة (مثلا السيرة الذاتية، صور الشهادات العلمية، شهادات التدريب، التفوق في العمل، إلخ)

## المصطلحات الهامة

يَسرُّني: يُسعِدُني
ينال: يفوز بـ

إدراج اسمي: وضع/إضافة اسمي إلى
أحيطكم علما: أريدكم أن تعلموا/تعرفوا
شهادة مُعتَمدة: شهادة رسمية مُعتَرَف بها
إطلاعكم على: إخباركم بـ
حالَفَني الحَظّ: أصبحت محظوظا/حصلتُ على الوظيفة
أكون عند حُسْنِ ظَنِّكُم: أحصُل على ثِقَتِكُم

## نموذج لرسالة طلب عمل

واشنطن في ١٥ آب/أغسطس ٢٠١٩

فُلان الفُلاني
fulaan_alfulaany@gmail.com

إلى الأستاذ الفاضل/مدير دائرة شؤون الموظفين

الموضوع: طلب وظيفة مترجم

سيدي المدير،
يَسّرني أن أتقدم بطلبي هذا للحصول على الوظيفة الشاغرة بشركتكم مُتمنيا أن ينال طلبي هذا عنايتكم وثقتكم، وادراج اسمي ضمن لائحة المرشحين للوظيفة. فكما تشهد مؤهلاتي العلمية بأني حاصل على البكالوريوس في اللغة العربية بتخصص في الترجمة من اللغة العربية إلى الإنجليزية والعكس من جامعة جورج واشنطن في الولايات المتحدة. وأحيطكم علما بأن قدراتي اللغوية المتميزة وفّرت لي فرصة العمل في شركات الترجمة الكُبرى في منطقة واشنطن حيث ترجمتُ وثائق من مجالات عديدة تشمل عقود عمل ووثائق قضائية وقانونية وشهادات دراسية وتراخيص وتصاريح. وكذلك خبرتي الدراسية والعملية لمدة سنتين في مصر والمغرب وفّرت لي الفرصة الفريدة للتواصل مع مكاتب الترجمة هناك والتعامُل مع خُبراء الترجمة المتميزين.

لقد أرفقت طي هذه الرسالة سيرتي الذاتية وصورا طِبق الأصل لشهادة البكالوريوس وشهادة الكفاءة في اللغة العربية. أتمنى أن يحظى طلبي باهتمامكم وأن أحصل على الفرصة لمقابلتكم لإطلاعكم على إسهاماتي المستقبلية لشركتكم المتميزة. فإن حالفني الحظ وحصلت على فرصة العمل بشركتكم فأعدكم بأن أكون دائما عند حُسن ظنّكم.

وتقبّلوا وافر الاحترام والتقدير،

فُلان الفُلاني

المرفقات:
- صورة شهادة البكالوريوس
- صورة شهادة الكفاءة باللغة العربية

### تمرين ١٦: بحث عن إعلانات وظائف

فتّش/ي عن إعلانات لوظائف تُناسب مؤهلاتك واهتماماتك واكتب/ي رسالة طلب عمل لإحداها مُتبعا/متبعة النموذج السابق.

### تمرين ١٧: نشاط جماعي

راجع/ي رسالة طلب عمل زميل/ة في الصف واقترح/ي تعديلات عليها. ناقشوا في الصف التشابهات والاختلافات بين رسالة طلب وظيفة هنا ورسالة طلب وظيفة لشركات/منظمات في بلدك.

## المُقابلات الشخصية للتوظيف: كيف تستعد/ين لها؟

بعد أن نجحت في لَفْتِ نظر صاحب/ة العمل وحصلت على فرصة المقابلة وجها لوجه يتعيّن عليك الإعداد والترتيب المُسبق للقاء الشخصي. أول خطوة في الاستعداد لهذا اللقاء هي البحث عن معلومات عن الشركة أو المؤسسة نفسها. مثلا جمع معلومات منشورة عن حجم الشركة، فروعها، نشاطاتها ومنتجاتها وعُملائها لن يُساعد فقط في إعطاء إجابات تستند على حقائق مُثبتة بل أيضا سيعطي انطباعا إيجابيا لدى صاحب العمل عن رغبتك القوية في الانضمام لصفوف العاملين بها.

يجب أن تذهب/ي إلى المقابلة في المظهر المُناسب للوظيفة التي تود شغلها مرتديا/مرتدية ملابسا تتناسب وجو أو محيط العمل. حاول/ي التفكير في الإجابات على الأسئلة المُعتادة في المقابلات الشخصية (مثلا لماذا ترغب/ترغبين في العمل معنا؟ ولماذا تركت وظيفتك السابقة؟). كما هو متوقّع من المفضل الوصول إلى مكان المقابلة قبل الموعد بعدة دقائق. بادر/ي بالتحية والمصافحة اليدوية (لكن إذا كنت رجلا والشخص الذي سيتولى مقابلتك امرأة فانتظر حتى تبادرك هي بمصافحة اليد أولا) وبابتسامة خفيفة على الوجه حتى تعطي انطباعا مقبولا لدى صاحب العمل او الشخص الذي سيتولى مقابلتك. لو عرض عليك اختيار مشروبا (مثلا الشاي أو القهوة) فاقبل/ي لأن هذا مُتوَقّع منك في تواصلك مع صاحب/ة العمل. اصغ/ي (استمع/ي باهتمام) لكل ما يقوله/تقوله واستفسر/ي بطرح أسئلة عليه/عليها (مثلا اسأل/ي عن فُرص التدريب أو الترقية، أو العمل الانفرادي أو الجماعي). يمكن أيضا أن تسأل/ي عن الصعوبات المتوقعة في الوظيفة لأن هذا يدل على رغبتك في معرفة المزيد من المعلومات عن الوظيفة. أجب/أجيبي على الأسئلة بدون تصنُّع وتكلّف وبطريقة مباشرة وكُن/كوني على ثقة بنفسك ولا تتردد/ي في إجاباتك.

### تمرين ١٨: نشاط جماعي

مع زميل/ة املأوا الجدول التالي بمعلومات بناء على فهمكم للنص السابق.

| الترتيب | ما يجب فعله قبل أو أثناء المقابلة | ما لا يجب فعله قبل أو أثناء المقابلة |
|---|---|---|
| ١. | | |
| ٢. | | |
| ٣. | | |

| الترتيب | ما يجب فعله قبل أو أثناء المقابلة | ما لا يجب فعله قبل أو أثناء المقابلة |
|---|---|---|
| ٤. | | |
| ٥. | | |

**تمرين ١٩: نشاط جماعي**

اعقدوا مقابلات شخصية كمجموعة مع فرد أو كمقابلة بين فردين. ابدأوا بإعداد قائمة بالأسئلة التي ستطرحونها على المُرشح/ة للوظيفة ويجب على المُرشح/ة نفسه/نفسها إعداد أسئلة لصاحب العمل أو المجموعة التي ستتفحّصه في المُقابلة، مثلا:

- لماذا ترغب/ين في العمل بهذه الشركة؟
- كيف أهلتك شهاداتك العلمية وخبرتك العملية لهذه الوظيفة؟
- لماذا تركت وظيفتك السابقة؟
- ما هي أهم إنجازاتك في وظيفتك السابقة؟
- ما هي تطلعاتك المهنية في خلال الخمس سنوات القادمة؟

**تمرين ٢٠: أسئلة إضافية للمقابلة الشخصية**

كمجموعة فكروا في أسئلة للمتابعة مع المرشح/ة للوظيفة
فكّروا في خمسة أسئلة إضافية:

١. ____________________
٢. ____________________
٣. ____________________
٤. ____________________
٥. ____________________

**تمرين ٢١: نبحث في الإنترنت**

ابحث/ي في الإنترنت عن نموذج عقد عمل لوافد في دولة من الدول العربية. يجب أن يشمل العقد على البنود التالية.

١. نطاق العمل وأوقات الدوام الرسمية
٢. مدة العقد (أحيانا تُسمى فترة سريان العقد)
٣. مكان العمل
٤. فترة التجربة
٥. الأجر

٦. المميزات الممنوحة
٧. انهاء العمل وترك الشركة
٨. الإجازات والعُطلات
٩. شروط فَسْخ (= انهاء) العقد

### تمرين ٢٢: التفاوض حول شروط عقد العمل

مع زميل/زميلة قم/قومي بدور صاحب/ة العمل في حوار يقوم فيه زميلك/زميلتك بدور الشخص الذي سيتم التعاقد معه/معها. في الحوار ناقش/ي شروط التعاقد حتى تتوصلا لاتفاق حول صيغة عقد مقبولة لديكما تشمل البنود التسعة السابق ذكرها أعلاه فيما يلي مصطلحات هامة تساعدك في إكمال هذا التمرين.

المصطلحات الهامة:

- أداء مهام العمل: القيام بما تتطلّبه الوظيفة
- فترة تحت التجربة/الاختبار: الفترة الأولى في العمل وهي عادة يُختبر فيها الموظف/ة ويمكن فيها لصاحب/ة العمل طرد الموظف/ة بدون تعويض إذا لم يقدر/تقدر على القيام بالعمل
- مكافئة: مال يتم الحصول عليه في حالة التفوّق في الوظيفة وأحيانا تُدفع المكافئة عند نهاية الخدمة الطويلة أيضا
- تعويض: مقدار مالي يُدفع كبديل لخسارة ما (مثلا الطرد من الوظيفة)
- راتب شهري أساسي: المرتّب الشهري بدون اي أموال اضافية (مثلا مكافئة مالية)
- الترقية: الوصول إلى منصب أعلى وعادة تعني ازدياد المسؤولية والراتب الشهري/السنوي
- العلاوة الدورية: الزيادة في الراتب بعد مضي فترة محددة من العمل
- إجازة مدفوعة/غير مدفوعة الأجر: عطلة من العمل يحصل عليها الموظف
- التأمين الطبّي: تأمين صحي يحصل/تحصل عليه الموظف/ة عن طريق صاحب/ة العمل يستمر طوال سنوات العمل
- إخطار خطّي (كتابي/مكتوب): مراسلات رسمية مكتوبة لإخبار الموظف/ة بشيء رسمي من الشركة
- بدون أجر: بدون مال تدفعه الشركة
- أسرار خاصة بالعمل: معلومات خاصة لا يجب نقلها خارج الشركة
- حل النزاع ودّيّا: حل مشاكل بطريقة سلمية وبدون اللجوء إلى المحاكم
- الالتزام التام بـ: القيام بما هو مطلوب وبدون نقص أو تغيير
- خسارة مادّية أو معنوية: خسارة مالية أو ضرر جَسَدي أو نفسي
- تضارُب المصالح: عدم توافق المصالح بين الأشخاص أو بين شخص وشركته

### تمرين ٢٣: نشاط كتابة ومحادثة: عقد العمل المثالي لي

بعد الاطلاع على عدد من عقود العمل، اكتب/ي صيغة عقد عمل مثالي لك وحدد/ي في العقد كل الشروط والتعليمات التي توافق/ين عليها وتتمناها تتمنينها في وظيفة المستقبل. ناقش/ي عقدك المثالي مع الزملاء في الصف واشرح/ي الأسباب التي جعلتك تختار/ين تلك الشروط.

## القراءة ٣

### تمرين ٢٤: أسئلة تمهيدية

١. ما هي بعض الشركات العائلية الكُبرى في مدينتك/بلدك؟

٢. ما هي المجالات التي تتخصص فيها تلك الشركات؟

٣. كم عمر تلك الشركات؟ وهل هي توسّع أم تخفّض نطاق عملها في السنوات الأخيرة؟

٤. من يدير تلك الشركات، أفراد من العائلة أم خبراء متخصصون؟

### المصطلحات الهامة

شركات متعددة الجنسيات: شركات دولية لها فروع في عدد من دول العالم وبها موظفون من دول مختلفة

الأسواق المتقدمة والناشئة: الأسواق المتطورة والنامية (الجديدة التي تتوسّع)

تكتلات كبرى: مجموعات مترابطة من الشركات ذات المصالح المشتركة

المكانة الراسخة: الوضع الثابت

شركات ائتمان عائلية: شركة تمتلكها العائلة تُقرض المال عند الحاجة

شركات قابضة: شركة تمتلك الأسهم لشركة أو شركات تابعة لها وقد تكون تشغيلية أو نقدية

### النص

## الشؤون العائلية: ممارسات الحوكمة في الشركات العائلية

يقوم الاقتصاد العالمي على الشركات العائلية فقد بدأت العديد من كبرى الشركات متعددة الجنسيات كشركات عائلية في الأساس، ويمكننا القول بأن حوالي ٩٠٪ من الشركات في دُنيا المال والأعمال تعتبر شركات عائلية في كل من الأسواق المتقدمة والناشئة على حد سواء. تُعد معظم هذه الشركات من الصغيرة والمتوسطة غير أن هناك شركات عائلية كُبرى للغاية ولا سيّما في دول مجلس التعاون الخليجي التي بدأت فيها العديد من تلك الشركات كمؤسسات تجارية صغيرة ثم تمكنت من النمو عبر جيلين أو ثلاثة إلى أن كوّنت تكتلات كُبرى متنوعة تُغطّي قطاعات هائلة منها تجارة التجزئة والسيارات والبناء والتشييد والتصدير والاستيراد والشحن والتأمين والزراعة والخدمات المالية والعقارات والتصنيع. وفي الواقع فإن حوالي ٨٠٪ من إجمالي الناتج القومي في منطقة الخليج من خارج قطاع النفط يأتي من الشركات العائلية. لقد استفادت الشركات العائلية هنا من المكانة الراسخة التي تحتلها في الأسواق التي تعمل بها وخاصة مع انخفاض فاعلية المنافسة الخارجية إلى جانب الشبكات التجارية القوية التي أنشأتها داخل هذه الأسواق والعلاقات القوية مع البنوك تقوم بتوفير التمويل اللازم للشركات في دول مجلس التعاون الخليجي بشكل أيسر بكثير مما يحدث مع الشركات العائلية في أي مكان آخر من العالم.

هناك العديد من الصفات المميزة للشركات العائلية، وقد تمت مناقشة هذه الصفات باستفاضة في أحدث دراسة عالمية قامت بها برايس واترهاوس كوبرز PWC للشركات العائلية في الفترة ما بين يونيو وسبتمبر ٢٠١٢.

نظام الملكية يُعتبر من أهم نقاط الخلاف الواضحة للعيان في تلك الشركات فبينما يميل هذا النظام إلى اتخاذ نمط السيطرة المباشرة والكاملة من العائلة على الشركة إلا أنه يوجد لدى بعض الشركات حملة أسهم أو مديرون تنفيذيون، أو كلاهما، من خارج العائلة.

يؤدي نظام ملكية العائلة كذلك إلى وجود فروقات ملحوظة في أحكام الحوكمة المؤسسية. هناك عدد من الشركات في دول مجلس التعاون الخليجي لا يوجد لديها سوى عدد قليل جدا من القواعد الرسمية وقد يكون المؤسسون قد تمكنوا من العمل بنجاح في ظل هذا الأمر ولكن احتمالات نشوء النزاعات تتزايد مع الانتقال من جيل لجيل. إلى جانب قضايا أخرى تختص بها دول مجلس التعاون الخليجي دون غيرها فعلى سبيل المثال تقوم العديد من الشركات العائلية في المناطق الأخرى من العالم بإنشاء شركات ائتمان عائلية كوسيلة للحفاظ على الأسهم والسيطرة عليها، ولكن هذه الوسيلة غير مُتّبعة في دول مجلس التعاون الخليجي حيث تحل محلها شركة قابضة لا تتوفر لها نفس مزايا شركات الائتمان ومن هنا تزايد الاهتمام بإنشاء شركات ائتمان خارجية تلتزم بأحكام الشريعة الإسلامية عبر المنطقة.

وأيضا تتمتع دول مجلس التعاون الخليجي بتقاليد ثقافية راسخة تحث على احترام الجيل الأكبر. الأمر الذي يمكن أن يكون له تأثير واضح على الطريقة التي تُدار بها الشركة العائلية، خاصة في الوقت الذي يتم فيه نقل الإدارة والسيطرة من جيل إلى آخر. كما أن لدى العائلات في دول مجلس التعاون الخليجي رغبة قوية في الحفاظ على خصوصياتهم مما يعني أنهم لا يرحبون بتعيين الأفراد من خارج العائلة في المناصب القيادية. ولنفس السبب تهتم العائلات أشد الاهتمام بإبعاد النزاعات العائلية عن العلانية.

العديد من الشركات العائلية في دول مجلس التعاون الخليجي تُعتبر من المؤسسات الكبرى وقد أنشئت قبل ٥٠ أو ٦٠ عاما غير أن نسبة كبيرة منها مملوكة للجيل الأول أو الثاني وسوف يواجه عدد منها عملية الانتقال للجيل التالي خلال فترة الخمس إلى عشر سنوات القادمة. وطبقا لنتائج البحث، تدرس العديد من الشركات الآن كيفية التعامل مع تلك المرحلة الوشيكة من الخلافة وتقوم بتطبيق أو التفكير في تطبيق عدة معايير بالنسبة لأفراد العائلة الذين التحقوا بالشركة كصغار الموظفين وخاصة بالنسبة لهؤلاء الذين قد يكونوا مؤهلين لتولي الإدارة. وقد يتضمن ذلك وضع حد أدنى معين من المستوى التعليمي أو خبرات في الإدارة التنفيذية من خارج الشركة العائلية أو كليهما.

المصدر: النص مأخوذ بتصرف من تقرير مبادرة بيرل "الشؤون العائلية: ممارسات الحوكمة في الشركات العائلية في دول مجلس التعاون الخليجي." التقرير الكامل على الانترنت: Pages ٣-٦ https://www.pwc.com/m1/en/publications/documents/ pipwc-report.pdf

## بعد القراءة

## تمرين ٢٥: أسئلة للاستيعاب والفهم

اختار/اختاري الإجابة الصحيحة التي تُكمل المعنى في الجمل لكل مما يلي. بعد الانتهاء من الإجابة قارن/ي اجاباتك مع زميل/ة وإذا كان هناك اختلاف بين الإجابات ناقش/ي الاختلاف واعمل/ي التغييرات اللازمة للإجابات.

١. العلاقة بين الشركات العائلية والشركات المتعددة الجنسيات:

أ. تتنافس الشركات المتعددة الجنسيات مع الشركات العائلية

ب. أصل كثير من الشركات المتعددة الجنسيات عائلي

ج. الشركات المتعددة الجنسيات لها فروع تملكها عائلات صغيرة

٢. نفهم من المقالة أنّ:

أ. ٨٠٪ من الشركات الخاصة في منطقة مجلس التعاون الخليجي تملكها عائلات

ب. ٩٠٪ من الشركات في منطقة مجلس الخليج شركات عائلية

ج. الشركات العائلية في منطقة مجلس الخليج تساهم بأعلى قدر في الاقتصاد بعد النفط

٣. من خصائص النظام الإداري للكثير من الشركات العائلية في مجلس التعاون الخليجي:
أ. عدم وجود أحكام وقواعد لنظام التعاقُب الإداري لأفراد العائلة العاملين بشركاتهم
ب. عدم وجود توازن مقبول بين مصالح الشركة والمصالح العائلية
ج. الترابط والتفاهم الإداري بين أفراد العائلة ممّا يسّهل سير العمل في الشركات العائلية

٤. من التقاليد الثقافية الموروثة التي تؤثر على سير العمل في الشركات العائلية:
أ. تداول السلطة في الشركات بصورة وديّة بين أفراد العائلة
ب. الابتعاد عن توظيف قادة للشركة من خارج العائلة
ج. النزاعات والخصامات العائلية المنتشرة بين الجيل الأول الذي أسس الشركة

٥. تعاقُب الأجيال في إدارة الشركات العائلية في منطقة مجلس التعاون الخليجي:
أ. سبّب مشاكل بين أفراد الأسر في معظم الشركات العائلية
ب. لم يحدث بعد في كثير من الشركات ولكن يتوقع حدوثه في السنوات القادمة
ج. يتم حسب مؤهلات أفراد العائلة وخبرتهم في العمل بالشركة

### **تمرين ٢٦**: أسئلة للمناقشة والحوار

ناقشوا مزايا وعيوب الشركات العائلية من حيث:

١. تأثيرها على العلاقات الأسرية
٢. اتخاذ القرارات اللازمة لسير العمل
٣. الإدارة والخلافة
٤. التنافس مع الشركات الأخرى
٥. مساهمتها في تحسين اقتصاد الدولة

## الاستماع

### **تمرين ٢٧**: الاستماع والفهم

ادرسوا المفردات والتعبيرات التي تحتها خط قبل مشاهدة الفيديو.

#### المصطلحات الهامة

"البضائع الاستهلاكية التي تعتبر كمالية": غير ضرورية
"في البداية كنت أحاول ان أقلّد الوالد ولم أبتكر شيء":
أقلّد: أكرر ما يفعله/أفعل نفس الشيء مثل شخص آخر
أبتكر: أقدّم شيء جديد (أخترع)
حقيبة (ج. حقائب): شنطة، شُنَط

البيع بالجملة: بيع البضائع بكميات وأحجام كبيرة (مثلا بيع صناديق تشمل كميات من منتج مثل التليفونات/ الساعات) عادة تكون للتجار الأخرين

البيع بالتجزئة: بيع البضائع كوحدات (مثل بيع تليفون واحد، ساعة واحدة) عادة للزبون أو المستهلك

ماركة (ج. ماركات): علامة تجارية مثل "سامسونغ" في التليفونات أو "سوني" في التلفزيونات

"في بداية انطلاقة المحل أخذ سُمعة جيدة في المدينة": شُهرة أو انطباع عام عن المحل

"أقوم بعملي على ما يُرام": كما يتوقعه صاحب أو رئيس العمل مثلا، يعني بالصورة المطلوبة والمتوقّعة

"وهذه الشركة ممكن تنشطر مرة أخرى": تنقسم أو تتفرّع إلى أقسام وفروع أخرى

"أنت مؤسس لهذه الشركة يعطيك نوع من الحافز القوي للنجاح": الدافع لعمل شيء إيجابي

"هل هذا السوق المالي ناضج لاستيعاب الشركات العائلية فيه؟": متطور أو جاهز

"ليطمئن الزبون أن هذه الشركة ليست مجرد شركة وهمية": غير حقيقية أو مُزَيّفة

شركات الشحن: شركات تنقل توصل البضائع للزبائن (مثل شركة يو بي إس، فِدإكس)

شاهدوا اللقاء المسجل مع الأستاذ أشرف أبو عيسى رئيس شركة بلو صالون بالدوحة، قطر.

### تمرين ٢٨: الأفكار الرئيسية والتفاصيل

تدوين ملاحظات عند المشاهدة: دونوا التفاصيل تحت كل من الأفكار التالية أثناء مشاهدتكم للفيديو. يمكنكم إعادة المشاهدة أكثر من مرة للحصول على تفاصيل أكثر وأدق.

١. تاريخ بداية الشركة والنشاطات التجارية التي تناولتها:

___

٢. ظروف انتقال إدارة الشركة من الوالد (المؤسس) للابن:

___

٣. طريقة إدارة للابن للشركة في البداية:

___

٤. تغييرات للابن الجديدة لنشاطات الشركة:

___

٥. أسباب فتح محل في مدينة نيويورك:

___

٦. مستقبل تجارة التجزئة كما يراه الأستاذ أشرف أبو عيسى:

___

٧. رد فعل الشركة اليابانية لانتقال إدارة الشركة من الوالد للابن:

___

٨. شروط الشركة اليابانية لاستمرار العقد مع ابن مؤسس الشركة:

___

٩. تأثير النمو السكاني في قطر على الشركة وحجمها:

___

١٠. فوائد الدورة التدريبية بهارفرد لمدير الشركة:

___

١١. اقتراح صاحب الشركة لإدارة الشركات العائلية عبر الأجيال:

_____

١٢. أسباب عدم لجوء الشركات العائلية في المنطقة العربية للتمويل والائتمان من خارج الشركة:

_____

١٣. مستقبل التجارة الإلكترونية في المنطقة العربية حسب رؤية الأستاذ أشرف أبو عيسى:

_____

## تمرين ٢٩: أسئلة للاستيعاب والفهم

١. ما الذي ساعد الابن على تولي إدارة الشركة بعد وفاة والده وهو مازال في عمر مبكّر؟

٢. كيف استفاد صاحب الشركة الحالي في منتصف التسعينات من التغييرات في السوق القطري؟

٣. ما هو نشاط الشركات الثلاث التي بدأها صاحب الشركة الحالي في قطر؟

٤. ما هي الخطوة القادمة في مجال التجارة الذي ينوي التوسع فيه؟ ولماذا قرر دخول هذا النوع من التجارة؟

٥. ما التغييرات التي يريد أن يُحدِثها في تجارة التجزئة؟

٦. ما هو النظام الذي ابتكره صاحب الشركة الحالي لإدارة الشركات العائلية عبر الأجيال؟

٧. كيف يمكن التغلب على العقبات التي تواجه التجارة الإلكترونية؟

## تمرين ٣٠: أسئلة للمناقشة والحوار

ناقش/ي مع الزملاء في الصف الأسئلة التالية.

١. ما الذي لفت نظرك عن خلفية صاحب الشركة الحالي؟

٢. ما هي العوامل التي ساعدت صاحب الشركة الحالي على النجاح؟

٣. ما هي مزايا وعيوب النظام الذي ابتكره صاحب الشركة الحالي لحوكمة الشركات العائلية؟

٤. هل يمكن تطبيق هذا النظام في معظم أو كل الشركات العائلية؟ أيد/ي رأيك بأمثلة وأدلة.

٥. ما التعديلات التي يمكن إضافتها لنظام الحوكمة الذي ابتكره صاحب الشركة الحالي؟

٦. لو توفرت الفرصة لك للقاء صاحب الشركة الحالي فماذا تود/ين أن تسأله/تسأليه؟

## دراسة حالة

### تمهيد للدراسة: شركة الرابحي العائلية

في وظيفتك كاستشاري في شركة تعاقدت مع شركة عائلية كبرى (الرابحي للمقاولات) في منطقة الخليج كلفتك إدارة شركتك الاستشارية بدراسة وتحليل الوضع في شركة الرابحي وإيجاد حل لما تواجهه الشركة من تحديات قد تؤدي إلى انهيارها في غياب حل شامل يعيد الاستقرار للشركة ويزيد من ثقة عملائها فيها.

### تاريخ موجز للشركة

شركة الرابحي أُسست منذ جيلين على يد أحمد علي الرابحي الذي أدار الشركة وكان صاحب القرار فيها لمدة عشرين عاما حتى وفاته. تولى منصب قيادة الشركة عقب وفاة مؤسسها ابنه الأكبر حسن الرابحي الذي وسّع نشاطات الشركة حتى أصبحت من أكبر الشركات في الشرق الأوسط في مجال التشييد والبناء. أثناء فترة توليه

هذا المنصب استمر أفراد العائلة في شغل مناصب قيادية وأخرى ثانوية في مركز الشركة الرئيسي وبفروعها المختلفة في منطقة مجلس التعاون الخليجي.

بعد تقاعد حسن الرابحي بسبب تدهور حالته الصحية وتولّي أخيه الأصغر محمود إدارة الشركة بدأت بعض الصراعات والنزاعات على تعاقب السلطة والتوظيف بين الأقارب في الشركة وقد أدى ذلك بطبيعة الحال إلى صعوبة اتخاذ القرارات الإدارية اللازمة وسوء العلاقات بين أفراد العائلة وتدهور أداء الشركة بصفة عامة وظهر هذا بوضوح في وضعها بين الشركات المنافسة القديمة والجديدة في نفس المجال مما أدى إلى نقص في عقود البناء وأيضا في الأرباح. كل هذه التطورات السلبية كادت تؤدي إلى تصفية الشركة. وفي محاولة لإنقاذ الشركة من الانهيار حاول مُلّاكها تسوية الخلافات وديا والتفكير في سُبُل تضمن استمرار الشركة. فاتفقوا على أن هذا الوضع السيء والذي لا يقوم على تخطيط استراتيجي سليم أو هيكلية حوكمة مدروسة ومُتفق عليها لابد أن يتغير، ولذلك تعاقدوا مع شركتك لوضع بعض النُظم والتعليمات والقوانين اللازمة للشركة لتنظيم حوكمتها وضمان استدامتها عبر الأجيال. والآن يتعين عليك أن تقدم/ي لهم بعض التوصيات التي لو تم تنفيذها بشأن الإدارة والتوظيف سيحسن من وضع الشركة في السوق ويساعد الأقارب في العائلة والموظفين الآخرين على النهوض بالشركة وتحسين أدائها وإعادة الثقة بين مُلاك الشركة بعضهم ببعض وبين الشركة وعملائها.

## التحدي

الأمور التي يجب أن تتناولها/تتناوليها في دراستك وتوصياتك هي:

أولا التوظيف

أ. هل يجب الفصل بين امتلاك الشركة وحق العمل بها؟ أيد/ي رأيك بأسباب مُقنعة؟
ب. ما هي المعايير المناسبة لتعيين أفراد من العائلة المالكة بالشركة؟
ج. ما هي الخطة المستقبلية المناسبة والعادلة لتعيين أعضاء العائلة من الأجيال القادمة في مناصب تشغيلية؟
د. هل يجب أن يكون هناك مساواة أو فرق في الحقوق والمسؤوليات بين أفراد العائلة العاملين بالشركة والموظفين الآخرين من خارج العائلة؟
هـ. مَن يقوم بمعاقبة عضو عامل من العائلة لا يقوم بعمله المطلوب منه؟

ثانيا نظام الحوكمة

أ. هل يجب فصل إدارة الشركة عن امتلاكها؟
ب. ما الدور المناسب لمُلاك الشركة في حالة اختيار إداريين محترفين من خارج العائلة؟
ج. كيف يمكن تأهيل أعضاء العائلة لمناصب إدارية بها وضمان التسلسل الإداري السلِس؟ وما فوائد ذلك للشركة نفسها؟
هـ. عند طرد فرد من أفراد العائلة، من تقع عليه/عليها مسؤولية هذا القرار؟
و. من يجب أن يضع الخطط المستقبلية للشركة، أفراد العائلة أم الإداريون المحترفون؟
ز. في حالة تعيين إداريين محترفين من يقرر تعيينهم، ترقيتهم أو استبعادهم (طردهم)؟
ح. هل يجب أن تستمر العائلة في امتلاك الشركة كُليا أم يجب فتح الباب للشراكة في ملكية الشركة لمستثمرين من خارج العائلة؟
ط. كيف يمكن تقوية الثقة بين أفراد العائلة حتى يسهل إدارتها ونموها في المستقبل؟

اكتب/ي تقريرا لا يقل عن ٣ صفحات يحتوي تعليمات تنصح/ين بها إدارة الشركة وأسباب اختيارك لتلك التعليمات وقدّم/ي التقرير شفويا للزملاء في الصف.

## مصادر إضافية مقترحة للبحث

في حالة عدم التمكن من البحث باستخدام المواقع الإلكترونية المقترحة، اختر/اختاري بنفسك مصادر إلكترونية أخرى تتناول هذه المواضيع أو ما يشابهها.

١. توطين العمالة الأجنبية

"التوطين في دول الخليج . . . تحديات كبيرة وطموح أكبر"

http://gulf.argaam.com/article/articledetail/702568

٢. البطالة في العالم العربي

14.3%نسبة البطالة في العالم العربي

https://www.albawaba.com/ar/-ساخرون/-143نسبة-البطالة-في-العالم-العربي

٣. حوكمة الشركات العائلية "حوكمة الشركات العائلية"

http://www.internalauditor.me/ar/article/family-business-governance/

٤. ميثاق حوكمة الشركات العائلية

"ميثاق حوكمة الشركات العائلية الخليجية"

https://www.fbc-gulf.org/mediafiles/articles/doc-1360-20171116053851.pdf

"ميثاق استرشادي للشركات العائلية السعودية يعزز الحوكمة والشفافية"

http://www.aleqt.com/2018/05/13/article_1385356.html

٥. انهيار الشركات العائلية

"انهيار الشركات العائلية"

http://www.abahe.co.uk/Research-Papers/The-collapse-of-family-businesses.pdf

# ٣

الوحدة الثالثة
# الوقود والطاقة

**أهداف الوحدة الدراسية**

سنتعلم في هذه الوحدة عن:

- سوق النفط العالمية
- مكانة الدول العربية المنتجة للنفط في تلك السوق
- توقّعات الطلب العالمي على النفط
- التحديات للبيئة الناتجة عن استخدام النفط
- أنواع ومصادر الطاقة البديلة والمتجددة
- دراسة حالة: مستقبل منظمة الأوبك . . إلى أين؟

## استحضار معلومات

اكتب/ي الإجابة على الأسئلة التالية بناء على معلوماتك عن النفط والطاقة ثم ناقش/ي اجاباتك مع الزملاء في الصف.

١. أي أنواع الطاقة هي الأوسع انتشارا في العالم؟

٢. أي نوع من أنواع الطاقة يمكن تجديده؟

٣. وأيها مُهدد بالزوال؟

٤. ما هي أهم الدول المنتجة والمصدرة للنفط في العالم؟

٥. ما هي مكانة الدول العربية المنتجة للنفط بين تلك الدول؟

٦. كيف ترى/ترين مستقبل النفط كمصدر للطاقة؟ هل سيزيد أم سينخفض الطلب عليه في السنوات القادمة؟

٧. ما رأيك في سعر النفط حاليا؟ هل تظن/ين أن الدول المصدرة للنفط تُفضّل/ترفض الازدياد المستمر في سعر برميل النفط؟

## القراءة ١

### تمرين١: إلقاء نظرة سريعة على النص

ابحث/ي عن المعلومات والحقائق الرقمية التالية في النص خلال النظرة السريعة.

١. في أي البلاد العربية نجد تكلفة إنتاج برميل النفط أقل من دولار واحد؟

٢. بأي نسبة تقلل قناة السويس من تكلفة نقل النفط دوليا؟

٣. ما هي نسبة الاحتياطي لنفط الدول العربية من الاحتياطي العالمي؟

٤. في أي دولة عربية نجد أعلى نسبة الاحتياطي من النفط وفي أي دولة عربية نجد أقل نسبة منه؟

٥. كم يكلف استخراج برميل النفط في الولايات المتحدة؟

٦. في عام ٢٠٣٠ ما هي التوقعات بالنسبة للطلب على النفط عالميا؟

### تمرين٢: تعبيرات هامة في السياق النصي

اقرأوا الجمل التالية المأخوذة من النص وخمنوا معاني التعبيرات التي تحتها خط فيها واستبدلوها بكلمات مرادفة لها تعرفونها واكتبوها في الفراغ/الفراغات تحت كل جملة. الجمل التي بها مصطلحان مختلفان تحت كل منها خط، لها أيضا فراغان منفصلان لكل مرادف مطلوب.

١. "هذا ما جعل الدول العربية <u>تتبوأ</u> مكانة <u>مرموقة</u> على خارطة النفط العالمية"

التعبير المرادف لـ "تتبوّأ": _____

التعبير المرادف لـ "مرموقة": _____

٢. "باعتباره مصدرا هاما للاستثمار من أجل <u>سدّ متطلبات</u> العالم من الطاقة في الأفق المستقبلية"

العبارة المرادفة لـ "سدّ متطلبات": _____

٣. "من الضروري أن تعمل الدول العربية النفطية على تعزيز التعاون العربي المشترك في المجال النفطي وتنسيق السياسات الخاصة بالبترول إقليميا ودوليا والعمل كتكتلة واحدة أسوة بالتكتلات الدولية الأخرى"
العبارة المرادفة لـ "كتكتلة واحدة": ______
التعبير المرادف لـ "أسوة بـ": ______

٤. "بناء على التوقّعات التي تتعلق بمكانة النفط ضمن مصادر الطاقة الرئيسية فإنها تشير إلى مواصلة حفاظ النفط على حصة رئيسية كأحد مصادر الطاقة الرئيسية"
التعبير المرادف لـ "حصة": ______

٥. "يمكن لأسعار النفط المرتفعة والمتقلبة أن تلحق الضرر بآفاق النمو العالمي وخلق عدم التوازن في جميع أنحاء العالم مع عواقب زعزعة مجالات الاستقرار"
العبارة المرادفة لـ "تلحق الضرر بـ": ______
التعبير المرادف لـ "زعزعة": ______

٦. "فإن المخاوف المتنامية من التغيرات المناخية سيكون لها تأثير على مستقبل الطاقة بشكل عام ومستقبل النفط خاصة ومن شأن ذلك أن يؤدي إلى عرقلة سعي الدول العربية الدؤوب لزيادة حصتها في أسواق النفط العالمية"
التعبير المرادف لـ "عرقلة": ______
التعبير المرادف لـ "الدؤوب": ______

٧. "تتبوأ الدول العربية مكانة مرموقة على خارطة البترول العالمية، مما يعزز هذه المكانة استحواذها على الجزء الأكبر من الاحتياطيات العالمية المؤكدة من النفط"
التعبير المرادف لـ "استحواذها على": ______

النص

## مكانة الدول العربية ضمن خارطة سوق النفط العالمية (الحاضر، المستقبل، والتحديات)

بتصرف من: مقالة الأستاذ بلقلة براهيم أستاذ مساعد قسم أ جامعة حسيبة بن بوعلي بالشلف (الجزائر)

يتميز الوطن العربي بوجود ثروات نفطية ضخمة في أعماق صحاريه، وقد بات يعتبر من أكبر مخازن الطاقة الأحفورية في العالم ومصدرا رئيسيا في تزويد بقاع عديدة من العالم بما تحتاجه من النفط. هذا ما جعل الدول العربية تتبوأ مكانة مرموقة على خارطة النفط العالمية. وبذلك فإنه وخلال المستقبل المنظور فإن النفط العربي سيحتل مكانة متنامية الأهمية في ميزان الطاقة العالمية، باعتباره مصدرا هاما للاستثمار من أجل سد متطلبات العالم من الطاقة في الأفق المستقبلية. ولا ريب أن هذا الموقع المتميز يلقي على عاتق الدول المنتجة والمصدرة للبترول أعباء كثيرة تنوء المجموعات الأخرى بحملها، إذ ينبغي على الدول العربية المنتجة للبترول الاضطلاع بدورها الإيجابي نحو استقرار السوق البترولية مع بذل كافة الجهود الممكنة ليظل البترول مصدرا أساسيا للطاقة. وفي ظل هذه المكانة المتميزة للنفط العربي على الساحة الدولية فإنه من الضروري أن تعمل الدول العربية النفطية على تعزيز التعاون العربي المشترك في المجال النفطي وتنسيق السياسات الخاصة بالبترول إقليميا ودوليا والعمل ككتلة واحدة أسوة بالتكتلات الدولية الأخرى، وذلك لمواجهة التطورات والتحديات التي تواجهها الصناعة البترولية بشكل عام. ومن هذا المنطلق فإنه يمكن طرح السؤال التالي: ما

هي المكانة الحالية والمستقبلية التي تحتلها الدول العربية ضمن خارطة سوق النفط العالمية؟ وبهدف الإجابة على التساؤل الرئيسي ولغرض الإلمام بمحتويات الموضوع، سنتناول المحاور التالية: أولا: الموقع الحالي للدول العربية في سوق النفط العالمية. ثانيا: الدور المستقبلي للدول العربية في سوق النفط العالمية. ثالثا: التحديات الرئيسية للدول العربية في ظل الدور المستقبلي في السوق النفطية.

أولا: الموقع الحالي للدول العربي في سوق النفط العالمية: يتميز النفط العربي بعدة خصائص تميزه عن أنواع النفوط الأخرى في بقية أنحاء العالم ومن بين هذه الخصائص ما يلي:

- تكاليف إنتاج النفط العربي تعتبر أرخص بكثير من تكاليف النفط في المناطق الأخرى من العالم، إذ يتصف نفط الكويت والعربية السعودية بأنه الأرخص بين كل النفط في العالم حيث تبلغ كلفة الإنفاق الرأسمالي للبرميل المنتج أقل من دولار واحد في مقابل ١٥ دولارا كلفة البرميل في الولايات المتحدة الأمريكية.
- الموقع الجغرافي لمناطق إنتاج البترول يشكل مركزا متكاملا لإنتاج وتصدير البترول إلى أسواق الاستهلاك الرئيسية إذ أن قرب مناطق الإنتاج البترولي من مواقع الاستهلاك يترتب عليه انخفاض النفقات المتعلقة بالنقل. فالموقع المتوسط للخليج العربي بين الشرق والغرب يمكنه من تزويد قارات آسيا وأستراليا وأوروبا. كما توفر قناة السويس مسافات ضخمة تقدر بآلاف الأميال لتزويد أوروبا بالطاقة، وتوفر ٣٠٪ من أجور النقل في حالة نقل البترول من رأس الرجاء الصالح.
- ضخامة كميات الاحتياطات العربية التي بلغت ما مقداره تقريبا ٦٨٤ مليار برميل خلال العام ٢٠١٠ وهو ما يمثل نسبة ٥٨٪ من الاحتياطي العالمي، وعلى مستوى الدول العربية فُرادى، فقد شكّل احتياطي السعودية ما نسبته تزيد على ٢٢٪ من الاحتياطي العالمي، تليها العراق بحصة ما يزيد على ٩٪، ثم الكويت والإمارات العربية بحصة ما يزيد على ٨٪ وليبيا بحصة ٤٪ من الإجمالي العالمي على التوالي، وقطر والجزائر بحصة ٢٪ و١٪ على التوالي.

ثانيا: الوضع المستقبلي للسوق النفطية: سنقوم باستشراف الوضع المستقبلي للسوق النفطية من خلال التطرّق إلى توقّعات الطلب العالمي على النفط والإمدادت النفطية حتى آفاق ٢٠٣٠.

بناء على التوقّعات التي تتعلق بمكانة النفط ضمن مصادر الطاقة الرئيسية فإنها تشير إلى مواصلة حفاظ النفط على حصة رئيسية كأحد مصادر الطاقة الرئيسية حتى عام ٢٠٣٠ حيث ستعتمد جلّ القطاعات الاقتصادية في الدول النامية على النفط بشكل أساسي في استخداماتها النهائية وخاصة قطاع النقل والمواصلات الذي سيشهد نموا في الطلب على النفط. فبناء على سيناريو الأساس لتقرير إدارة معلومات الطاقة الأمريكية يتوقع أن يرتفع الطلب إلى أكثر من ٨٨ مليون برميل عام ٢٠١٥ و١٠٥ مليون برميل عام ٢٠٣٠.

ثالثا: التحديات الرئيسية للدول العربية في ظل الدور المستقبلي في السوق النفطية:

- تُعتبر من أهم التحديات التي تواجهها الدول العربية هو الحفاظ على أسعار النفط عند مستويات معقولة بحيث تحافظ الدول المنتجة على حصة النفط في مزيج الطاقة العالمي، وعلى حصة أوبك عامة والدول العربية بشكل خاص في أسواق النفط العالمية في ضوء إمكانية دخول منتجين جدد وظهور مناطق إنتاج جديدة، وعدم تشجيع البحث عن بدائل للنفط خاصة في قطاع النقل. في الوقت الحاضر هناك إدراك من جانب المنتجين والمستهلكين أن أسعار النفط المرتفعة جدا أو المنخفضة جدا لا تخدم أي منهما. فمن ناحية أسعار النفط المنخفضة جدا تحد من تدفق الاستثمارات التي تتطلبها هذه الصناعة لضمان إمدادات نفطية مستقرة. ومن ناحية أخرى، يمكن لأسعار النفط المرتفعة والمتقلبة أن تلحق الضرر بآفاق النمو العالمي وخلق عدم التوازن في جميع أنحاء العالم مع عواقب زعزعة مجالات الاستقرار.
- التحدي البيئي: خلال القرن الماضي تجاوزت المخاوف البيئية المرتبطة بالطاقة المستويات المحلية إلى المستويات الإقليمية والعالمية، بحيث لم تقتصر على تلوث الهواء بل تجاوزته إلى التغير المناخي. ومن هنا فإن المخاوف المتنامية من التغيرات المناخية سيكون لها تأثير على مستقبل الطاقة بشكل عام ومستقبل النفط خاصة ومن شأن ذلك أن يؤدي إلى عرقلة سعي الدول العربية الدؤوب لزيادة حصتها في أسواق النفط العالمية.

- التحديات التقنية: تشكل التطورات التكنولوجية تحديا رئيسيا للدول العربية النفطية بشكل عام، خاصة على المدى الطويل، وباعتبار أن النقل يشكل أكبر مستهلك للطاقة وأحد أهم المحاور الرئيسية للنمو الاقتصادي لكافة البلدان الصناعية، فإن وقود النقل يُصنّف كمادة إستراتيجية لدى كافة البلدان الصناعية. ووفقا لذلك فإنه ومع بداية السبعينات من القرن الماضي باشرت معظم هذه البلدان في العمل على تطوير بدائل الوقود وأقرّت في سبيل تحقيق ذلك عدة قوانين وتشريعات وتبنّت سياسات استهدفت تشجيع وتطوير واستخدام بدائل النفط وخاصة الطاقات المتجددة. وضمن هذا السياق تتوقّع ادارة معلومات الطاقة التابعة لوزارة الطاقة الأمريكية أن تؤدي الاستثمارات في بدائل الوقود إلى خفض الطلب على الغازولين في الولايات المتحدة عام ٢٠٢٠ بمعدّل نصف برميل يوميا.

خاتمة: تتبوأ الدول العربية مكانة مرموقة على خارطة البترول العالمية، مما يعزز هذه المكانة استحواذها على الجزء الأكبر من الاحتياطيات العالمية المؤكدة من النفط، وما تقوم بإنتاجه وتصديره إلى الأسواق العالمية، كما تبرز أهمية النفط العربي عالميا باعتباره مصدرا هاما للاستثمار من أجل سد متطلبات العالم من الطاقة في الآفاق المستقبلية.

المصدر: من إعداد الأستاذ بلقله براهيم بالاعتماد على إحصائيات مختلفة من تقرير الأمين العام لمنظمة الأقطار العربية المصدرة للبترول.

## المصطلحات الهامة

عُمق (ج. أعماق): داخل/تحت الأرض

الأحفورية: نسبة لأحفورة، وقود داخل طبقات الأرض مثل النفط أو الفحم

بقاع عديدة: أماكن أو أجزاء من أراض كثيرة

تتبوّأ: تحتل (مكانة)

مرموقة: عالية، رفيعة المستوى

متنامية: متزايدة، تنمو بازدياد

سدّ طلبات: تقضي/تؤدي احتياجات

عاتق: (حرفيا: كتف) لكن هنا بمعنى على حساب أو مسؤولية

كُتلة: مجموعة من الدول ذات مصالح مشتركة

أسوة بـ: نموذج أو مثال لـ

رأس الرجاء الصالح: مكان في منطقة بالقرب من كيبتاون بأفريقيا الجنوبية يلتقي فيه المحيط الأطلنطي بالمحيط الهندي

حصّة: مقدار، نسبة أو نصيب؛ (حصّة الأسد) = أعلى/أكبر نسبة أو مقدار

تحدّ من: تقلل وتخفّض

زعزعة: اضطراب وتقلّب يهز السوق

عرقلة: الوقوف في طريق

دؤوب: متواصل ومستمر

## بعد القراءة

### تمرين ٣: نشاط مفردات

اختاروا المفردات التي تكمل المعنى في الجمل التالية بدون الرجوع إلى النص أعلاه.

عرقلة • أسوة • حصة • كتلة • تتبوأ • سد متطلبات •
مرموقة • أعماق • بقاع • زعزعة • دؤوب

١. يبحث خبراء النفط عنه في ____________ الأرض أو البحر ويصل مدى الحفر أحيانا مئات الأمتار.
٢. تنتشر آبار البترول في ____________ كثيرة من العالم ولكن أكثرها في منطقة الشرق الأوسط.
٣. تحتل المملكة العربية السعودية مكانة ____________ من حيث نسبة الاحتياطي من النفط الذي تم التثبت منه.
٤. من المتوقع أن الاحتياطي من النفط الحالي يمكن ____________ العالم منه حاليا ولكن من الضروري البحث عن مصادر أخرى للطاقة لاحتياجات المستقبل.
٥. تشكل مجموعة الأوبك ____________ نفطية ذات مكانة هامة نظرا لتحكّمها في سوق النفط العالمية.
٦. ستستمر ____________ النفط كمصدر طاقة رئيسي في الازدياد حتى يتم اكتشاف بديل آخر قابل للتجديد وأقل سعرا.
٧. استمرار زيادة سعر النفط في العالم قد يؤدي إلى تخفيض مستويات التنمية الاقتصادية لدى كثير من الدول وهذا بدوره قد يؤثر على ____________ الاستقرار الاقتصادي العالمي.
٨. ازدياد المخاوف من التغييرات المناخية حول العالم قد يؤدي إلى ____________ محاولات زيادة بعض الدول العربية المصدرة للنفط من نسبة تصديرها له.

### تمرين ٤: تعبيرات هامة في السياق النصي

اختاروا التعبير المساوي في المعنى للكلمات التي تحتها خط فيما يلي.

١. "ومصدرا رئيسيا في <u>تزويد</u> بقاع عديدة من العالم <u>بما</u> تحتاجه من النفط"
أ. إمداد
ب. كثرة
ج. عرض
٢. "<u>ولا ريب</u> أن هذا الموقع المتميز يلقي على عاتق الدول المنتجة والمصدرة للبترول أعباء كثيرة <u>تنوء</u> المجموعات الأخرى بحملها"
<u>المرادف لـ "لا ريب":</u>
أ. لا بديل
ب. لا فرصة
ج. لا شك

المرادف لـ "تنوء بـ":
أ. تقاوم بشدة
ب. تتعب منه
ج. تقوم بـ

٣. "إذ ينبغي على الدول العربية المنتجة للبترول الاضطلاع بدورها الإيجابي نحو استقرار السوق البترولية"
أ. من المستحسن
ب. من المؤكد
ج. من الواجب

٤. "إذ يتصف نفط الكويت والعربية السعودية بأنه الأرخص بين كل النفط في العالم"
أ. يتضح
ب. يكتمل
ج. يتميز

٥. "قرب مناطق الإنتاج البترولي من مواقع الاستهلاك يترتب عليه انخفاض النفقات المتعلقة بالنفط"
أ. ينتج عنه
ب. يقلل من
ج. يزيد من

٦. "سنقوم باستشراف الوضع المستقبلي للسوق النفطية من خلال التطرّق إلى توقّعات الطلب العالمي على النفط"
أ. الإتيان بـ
ب. استعراض لـ
ج. السير إلى

٧. "يمكن لأسعار النفط المرتفعة والمتقلبة أن تلحق الضرر بآفاق النمو العالمي"
أ. تسبّب أذى لـ
ب. تصبح ضرورية لـ
ج. تزيد الحاجة إلى

٨. "تجاوزت المخاوف البيئية المرتبطة بالطاقة المستويات المحلية إلى المستويات الإقليمية والعالمية"
أ. فاقت
ب. انتقلت
ج. وصلت

## تمرين ٥: أسئلة للاستيعاب والفهم

أجيبوا على الأسئلة التالية بعد قراءة دقيقة ومتمعنة للنص وحددوا رقم الفقرة التي جاءت منها كل إجابة.

١. لماذا يحتل النفط العربي مكانة متميزة بين نفوط الدول المصدرة له؟
٢. ما هي مسؤولية الدول العربية المصدرة للنفط نحو التجارة في الطاقة؟
٣. ماذا يجب على الدول العربية المصدرة للنفط فعله للتغلُب على التحديات في تجارة الطاقة النفطية؟
٤. اذكروا ثلاث خصائص يتميز بها النفط العربي على غيره من النفوط في دول أخرى.
٥. ما التوقّعات المستقبلية للاعتماد على النفط في السنوات القادمة؟
٦. ما أهمية سعر النفط في السوق العالمية للدول المصدرة والمستوردة له؟

٧. كيف سيؤثر الارتفاع المتزايد أو الانخفاض الجذري لأسعار النفط على استمراره كمصدر هام للطاقة؟

٨. ما هو تأثير المخاوف البيئية الخاصة بالتغير المناخي على الخطط المستقبلية للدول العربية المصدرة للنفط؟

٩. ما الخطر الذي تراه الدول العربية النفطية في التقدم التكنولوجي الحالي والمتوقع في مجال الطاقة في الغرب؟

١٠. رتبوا التحديات للنفط من حيث أهميتها للدول المصدرة له والأدلة التي تؤيد ترتيبك.

## تمرين ٦: أسئلة للمناقشة والحوار

ناقش/ي مع الزملاء في الصف الأسئلة التالية.

١. ما الذي تستطيع الدول العربية المنتجة للنفط فعله لزيادة استقرار السوق الدولية للبترول؟

٢. ماذا تستطيع الدول المستوردة للنفط العربي أن تفعل لتخفيض اعتمادها على النفط الأجنبي؟

٣. ما الدور الذي يمكن أن تلعبه الدول ذات الاحتياطي النفطي العالي مثل المملكة العربية السعودية في توجيه التجارة النفطية؟

٤. قارن/ي بين تأثير سعر النفط المنخفض على الدول المصدرة والمستوردة له. أيهما يتأثر بصورة أكثر من الآخر؟

٥. قيّم/ي تأثير المخاوف البيئية الناتجة عن استخدام الوقود الأحفوري (مثل النفط والفحم) على مستقبل هذه الأنواع من الوقود.

٦. إذا كان النفط هو الوقود الأكثر شيوعا في القرن العشرين، فما رؤيتك المستقبلية لإمكانية الاحتفاظ بهذه المكانة في القرن الحادي والعشرين؟

٧. ماذا تظن/ين غرض الكاتب من هذه المقالة؟ كيف عرفت ذلك الغرض؟

٨. مع أي آراء الكاتب تتفق/ين ومع أيها تختلف/ين ولماذا؟

٩. بم يتصف موقف الكاتب تجاه مكانة النفط العربي:

    أ. عاطفي

    ب. سلبي

    ج. حيادي

    د. تحليلي

    هـ. نقدي

١٠. كيف توصلت لوصفك لموقف الكاتب؟

## تمرين ٧: نشاط كتابة

لخص/ي أهمية النفط العربي ومميزاته وتحدياته الحالية والمستقبلية فيما لا يقل عن ٢٥٠ كلمة.

## القراءة ٢

### المصطلحات الهامة

العقود الآجلة: عقود تتم بين المشتري والبائع للنفط حيث يعد البائع بتسليم النفط في المستقبل حسب سعر/ثمن يتم تحديده وقت التعاقد، بصرف النظر عن السعر في وقت تسليم النفط. وهذا النوع من العقود يفتح الباب للمراهنة على السعر المستقبلي للنفط.

تكرير النفط: عملية يتم عن طريقها تحويل النفط الخام إلى عدد من المشتقات النفطية بفصلها ومعالجتها لتصبح منتجات مثل البنزين والديزل ومكونات تستخدم في صناعة الأسفلت والبلاستيك.

خام برنت: نوع من النفط الخام الخفيف يُستخدم كمعيار أو مقياس لتحديد سعر النفط عالميا ويشمل مزيجا من أنواع مختلفة من النفط ويمثل تقريبا نصف حجم النفط الذي يُتاجر فيه دوليا. وهو يُستخرج من بحر الشمال بالقرب من شواطئ المملكة المتحدة والنرويج. وكلمة/لفظ "برِنت" هي اختصار لأسماء خمس طبقات في حقل النفط، كل منها يبدأ بحرف من حروف تلك الكلمة.

بحث: ابحثوا عن الكلمات الخمس التي منها أُلِّفت كلمة "برِنت"؟

سوق تداول النفط: كما ذُكر سابقا عن هذا النوع من العقود، النفط كسلعة تُباع وتُشترى في السوق يتم أحيانا التجارة به طبقا لعقود مستقبلية وذلك لضمان سعر مُعيّن للتجارة. المُضاربون في سوق السلع مثل النفط يربحون بسبب الربح "على الهامش" الذي يحققونه من خلال التجارة المبنية على أساس عقود مستقبلية مبنية على أساس السعر الحالي للنفط ولكنها تتأثر بحالة العرض والطلب في وقت التسليم. فالمضاربون قد يربحون من زيادة أو نقص/هبوط السعر في المستقبل مقارنة بالسعر الذي تم التعاقُد عليه مسبقا.

بحث: ابحثوا عن قائمة بأسماء الدول الأعضاء في منظمة الأوبك وأيضا الدول الأخرى المصدرة للنفط والتي لا تنتمي لتلك المنظمة.

النفط الصخري: يُستخرج هذا النوع من النفط في الولايات المتحدة بولايتي تكساس ونورث داكوتا، وهو بجانب الغاز الطبيعي يستخرجان من الصخور عن طريق الحفر (فراكنغ)، وفي تلك العملية يتم ضخّ خليط من سوائل تحت ضغط عال جدا في طبقات صخرية عميقة في باطن الأرض يتم تحطيمها واستخراج وشفط النفط منها. ويزداد إنتاج الولايات المتحدة لهذا النفط عاما بعد عام ولكن تكاليف استخراجه أكثر بكثير من نفط الشرق الأوسط.

بحث: ابحثوا عن أسماء دول تستخرج النفط بطريقة فراكنغ.

النص

## سوق النفط العالمية

النفط من السلع ذات الأهمية الواسعة للاقتصاد الدولي حيث أن العديد من دول العالم مازالت تعتمد عليه كمصدر أساسي للطاقة بالرغم من استمرار بعض الدول المتقدمة في البحث عن بدائل أخرى له مما يسمى بالطاقة المتجددة والنظيفة. وبسبب تلك الأهمية الفريدة من نوعها، فإن سعر النفط يعتمد على عوامل كثيرة، بعضها اقتصادي يتعلق بالعرض والطلب ونسبة العقود الآجلة وقيمة الدولار الأمريكي في سوق الفوركس، وبعضها سياسي يرتبط بالعلاقات الدولية والأزمات المحلية والإقليمية وبعضها يتعلق بالكوارث الطبيعية.

فمن المعروف عن خصائص سوق السلع مثل النفط انه كلما ازداد الطلب عليه ارتفع سعر برميل النفط والعكس. ولذلك فإن التُّجار والمستثمرين في النفط يعتمدون على عدد من المؤشرات والتقارير المهمة، مثل التقرير الأسبوعي لنسبة مخزون النفط الأمريكي، والتقرير الشهري لمنظمة الدول المصدرة للبترول (أوبك)، والتي يمكن التنبوء من خلالها باتجاه أسعار النفط نحو الارتفاع أو الانخفاض. أما عن العقود الآجلة، فهي عقود مستقبلية لبيع وشراء النفط بناء على تنبؤات المنتجين والتجار باتجاه الأسعار في السوق. ولأن سعر النفط عُرضة للتقلب في السوق فإن التجارة والاستثمار فيه قد يكونان مربحين أو مؤديين إلى خسارة فاحشة ولهذا فإنهما نوع من المخاطرة والمجازفة.

أما بالنسبة لعلاقة النفط بأداء الدولار الأمريكي، فالعلاقة مباشرة. بما أن النفط يُباع ويُشترى دوليا بالدولار فإن أي تحسّن أو انخفاض في سعر الدولار ينتج عنه تغيير في نسب شراء وبيع النفط. والعلاقة بينهما عكسية: فكلما ازداد سعر الدولار كلما قل سعر النفط والعكس. والسبب وراء هذا أن ازدياد سعر الدولار مثلا يقلل من قدرة الشركات والدول المستوردة للنفط على شراء ما تحتاجه منه.

وبالنسبة للعوامل السياسية، فإن فرض عقوبات اقتصادية على دولة منتجة ومصدرة للنفط يؤدي إلى انقطاع إمدادات السوق من جهة تلك الدولة. أيضا الحروب والأزمات السياسية قد تعرقل وصول النفط إلى دول تحتاجه. أما عن الكوارث الطبيعية، فبعض الظواهر المناخية مثل العواصف والأعاصير قد توقف عملية تكرير النفط وتوفره في السوق.

## بعد القراءة

### تمرين ٨: مقارنة بين أسواق تداول النفط وتداول العملات الأجنبية

قارن/ي كتابيا بين سوق النفط وسوق تداول العملات الأجنبية من حيث:

١. التعاقد
٢. تقلبات السوق
٣. مدى التأثير على التجارة الدولية

### تمرين ٩: أسئلة للمناقشة والحوار

ناقش/ي مع زميل/ة في الصف المقارنات التي كتبتها حول سوق النفط وسوق تبادل العملات الأجنبية.

### تمرين ١٠: بحث في الإنترنت

ابحثوا عن كيفية تداول النفط الخام في البورصة العالمية الإلكترونية وأجيبوا على ما يلي.

١. ما عدد براميل النفط المعادلة للعقد الواحد؟
٢. ما هي "عقود الفروقات" للنفط في عالم الفوركس؟
٣. كيف يتوصل التاجر المستقل لوضع التداول الأمثل للنفط الخام؟

## القراءة ٣

### تمرين ١١: نظرة سريعة على النص

من خلال النظرة السريعة، ابحث/ي في النص عن المعلومات التالية.

١. الكلمات الدالة على (أربعة) محاصيل زراعية تُستخدم في إنتاج الوقود.
٢. مصادر الطاقة الكهربائية.
٣. مصادر طاقة متوفرة على مدار اليوم.
٤. معنى ما يلي من سياق النص:
أ. تلويث البيئة: ___________________________
ب. مولّدات للطاقة: ___________________________
ج. المدّ والجزر: ___________________________

النص

## مصادر الطاقة البديلة

يكمن حل مشكلة التلوث البيئي المرتبط باستعمال الطاقة الملوثة في البحث عن مصادر أخرى بديلة للطاقة أقل تلويثا للبيئة:

١. الوقود البيولوجي

تعتبر الطاقة بشكلها السائل سهلة النقل والتخزين، مما يجعل الوقود الأخضر مصدرا واعدا لإنتاج الطاقة البديلة. يمكن الحصول على الإثانول الحيوي عن طريق التخمر أو الحلمأة الأنزيمية باستعمال السكريات النباتية (السكروز أو النشا) المتواجدة ببعض النباتات مثل قصب السكر أو الحبوب.

من جهة أخرى يمكن استعمال الزيوت النباتية كوقود بيولوجي مثل زيوت دوار الشمس، الذرة أو الصويا . . . وهي تملك من الخصائص ما يجعلها أقل خطورة على البيئة (أقل تلويثا، مؤشر التبخر شبه منعدم).

٢. الطاقة الريحية

عندما تهب الرياح على المراوح الهوائية تنتج هذه الأخيرة الطاقة الكهربائية، تعتبر المراوح من التقنيات القديمة التي استعملت في الطواحن ثم بعد ذلك في ضخ المياه، أما الآن فقد تطورت هذه التكنولوجيا وأصبحت تستعمل في إنتاج الطاقة الكهربائية.

يتم تحويل طاقة الريح إلى كهرباء بواسطة مولدات عملاقة، وهي المصدر الأسرع نمواً لتوليد الكهرباء في العالم. فقد قفزت الطاقة الإنتاجية بنسبة ٢٦ في المائة

عام ٢٠٠٣، متجاوزة الطاقة الشمسية وطاقة المد والجزر. وتحتل ألمانيا مركز الصدارة عالمياً في هذا المجال بحوالي ١٦ ألف مروحة هوائية, متقدمة على إسبانيا والولايات المتحدة.

٣. الطاقة الشمسية

يتم استعمال لوحات شمسية ذات مستقبلات تلتقط الأشعة الشمسية لتحولها بطريقتين:

- تحويل الإشعاع الشمسي مباشرة إلى طاقة كهربائية بواسطة الخلايا الشمسية.
- تحويل الإشعاع الشمسي إلى طاقة حرارية عن طريق المجمعات (الأطباق) الشمسية: يتم تركيز أشعة الشمس على مجمع بواسطة مرايا (إهليجية الشكل). يتكون المجمع عادة من عدد من الأنابيب بها ماء أو هواء. تسخن حرارة الشمس الهواء أو تحول الماء إلى بخار ويمكن استخدام البخار لتشغيل مولد يساعد على توليد كهرباء.

٤. الطاقة المائية

تحتوي المياه المتحرّكة على مخزون ضخم من الطاقة الطبيعيّة، حيث يمكن المد والجزر أو اندفاع المياه في السدود أو المجاري المائية . . . ، من إنتاج كميات كبيرة من الكهرباء دون الإضرار بالبيئة.

خلافاً للطاقة الشمسيّة أو طاقة الرياح، يمكن للمياه أن تولّد الطاقة بشكل مستمر ومتواصل، بمعدّل ٢٤ ساعة في اليوم.

٥. الطاقة الجيوحرارية

تحتوي الأرض على حرارة طبيعية مخزونة يمكن استغلالها. وقد أنشئت محطات للطاقة الجيوحرارية تضخ الماء الساخن إلى السطح وتحوله إلى حرارة وكهرباء. وفي حالات أخرى, يتم استخراج الحرارة من جوف الأرض بضخ الماء العادي نزولاً من خلال ثقب إلى الطبقات الصخرية الحارة، ومنها صعوداً كتيار بالغ السخونة. تعتبر الطاقة الجيوحرارية من أكثر المصادر إنتاجية للطاقة المتجددة.

## بعد القراءة

### تمرين ١٢: الأسئلة للمناقشة والحوار

ناقش/ي مع الزملاء في الصف ما يلي.

١. مصادر الطاقة البديلة من حيث الوفرة، تكلفة الإنتاج، التأثير السلبي/الإيجابي على البيئة، والقابلية للتجديد.

| مصدر الطاقة | الوفرة | تكلفة الإنتاج | التأثير السلبي/ الإيجابي على البيئة | القابلية للتجديد |
|---|---|---|---|---|
| | | | | |
| | | | | |
| | | | | |
| | | | | |

| مصدر الطاقة | الوفرة | تكلفة الإنتاج | التأثير السلبي/ الإيجابي على البيئة | القابلية للتجديد |
|---|---|---|---|---|
| | | | | |
| | | | | |

٢. أي مصادر الطاقة هذه يُعتبر البديل الأمثل للنفط؟ أيد/ي اختيارك بأدلة وحقائق.
٣. ما الذي يجب فعله كي تزداد الاستثمارات في مصادر الطاقة البديلة؟
٤. ما العقبات أمام كل مصدر للطاقة البديلة حتى تتوفر بسهولة للمستهلك؟ كيف يمكن التغلب على تلك العقبات في المستقبل؟

**تمرين ١٣: نشاط كتابة**

اكتب/ي تقريرا موجزا (صفحتين كاملتين) عن مصدر من مصادر الطاقة تختاره/تختارينه لشركتك محاولا/ محاولة فيه إقناع الإدارة بالشركة للاستثمار فيها.

## الاستماع

لإكمال التمرينين ١٤ و١٥ أدناه، شاهدوا مقاطع الفيديو على قائمة الفيديوهات من خلال روابط الويب في موقع ناشر الكتاب، مطبعة جامعة جورجتاون.

### المصطلحات الهامة

تسعير: تحديد الثمن أو السعر
تتقلب: تتغير في القيمة
النفط الخام: النفط المُستخرج من الأرض ولم يتم تكريره
تحديد السعر العالمي: تضع مقدار لثمن (برميل النفط مثلا)
آلية: طريقة
بصورة مطردة: بطريقة متزايدة ومستمرة
الوقود: المحروقات مثل النفط (الزيت)
الأطراف المستهلكة: الأشخاص الذين يستخدمون سلعة أو بضاعة
منتجات بديلة: منتجات أخرى تؤدي نفس الغرض أو الهدف
منصات الحفر: جهاز للحفر عن النفط
المخزونات: كمية النفط التي تخزنها الدول لاستخدامها في حالات طارئة
التُخمة في السوق: توفّر النفط في السوق بنسبة تفوق الطلب عليه

**تمرين ١٤: مشاهدة الفيديو مع تدوين التفاصيل أثناء المشاهدة**

دونوا التفاصيل تحت كل من الأفكار التالية أثناء مشاهدتكم للفيديوهات. يمكنكم إعادة المشاهدة أكثر من مرة للحصول على تفاصيل أكثر وأدق.

طريقة تحديد سعر النفط

_____

_____

دور الدول المنتجة في تحديد سعر النفط

_____

_____

عوامل السوق التي تحدد السعر

_____

_____

آليات للدول المصدرة للسيطرة على سعر النفط

_____

_____

العوامل الجديدة في سوق النفط التي أصبحت تؤثر على سعر النفط في السنوات الأخيرة

_____

_____

تأثير أسعار النفط على اقتصاد الدول المتسوردة له

_____

_____

**تمرين ١٥: أسئلة للاستيعاب والفهم**

أجب/أجيبي على الأسئلة التالية بعد المشاهدة المتكررة للفيديو. ناقش/ي إجابتك مع زميل/ة في الصف.

١.   ما هي صيغة السوق التي من خلالها يتم تحديد سعر برميل النفط؟

٢.   ما هو الدور الذي تلعبه دول الأوبك في سوق النفط؟

٣.   ما هو تأثير نسبة المخزونات النفطية ومنصات الحفر على سعر النفط عالميا؟

**تمرين ١٦: أسئلة للمناقشة والحوار**

ناقش/ي مع الزملاء في الصف الأسئلة التالية.

١. هل العرض والطلب أم توفّر الطاقة البديلة سيكون له أكبر تأثير في سعر النفط في السوق في المستقبل؟ أيد/ي رأيك بأمثلة وأدلة.
٢. لماذا لم تستطع أي من أنواع الطاقة البديلة منفردة أو مجتمعة معا إنهاء الاعتماد على النفط حتى الآن؟
٣. ما هي الصناعات التي تظن/ين أنها قد تعارض التخلّص من النفط كمصدر للطاقة؟
٤. ما هي الصناعات التي تشجّع إنتاج مصادر طاقة بديلة؟
٥. ماذا سيكون تأثير استبدال النفط بمصادر أخرى للطاقة على منطقة الشرق الأوسط؟

## دراسة حالة

### مستقبل منظمة الأوبك . . إلى أين؟

منظمة الدول المصدرة للبترول المعروفة باسم الأوبك تم تأسيسها في عام ١٩٦٠ في مؤتمر بغداد على يد خمس دول مؤسّسة هي إيران والكويت والسعودية والعراق وفنزويلا. انضمت لاحقا لتلك الدول ما يزيد عن عشر دول هي قطر وإندونيسيا وليبيا، والإمارات العربية المتحدة والجزائر ونيجيريا وإكوادور وأنغولا والغابون وغيني الاستوائية والكونغو. اتخذت المنظمة جنيف بسويسرا مقرا لها في البداية لكن بعد خمس سنوات من انشائها انتقل مقرها إلى فيينا بالنمسا.[١] كان الهدف الرسمي لإنشائها توحيد السياسات الخاصة بإنتاج وإمداد النفط للأسواق الدولية وضمان عائد مناسب لاستثمارات الدول المصدرة للنفط.[٢]

وكما هو معروف، تميزت فترة الستينات من القرن العشرين بانتشار صراعات التخلص من سيطرة الاستعمار الأوربي والاستقلال للدول المستعمرة. ولذلك ليس من الغريب أنه كان من أهم أهداف الأوبك في نفس الفترة هو التمسك بالحق السيادي الدائم لأعضائها على آبارها النفطية كجزء من سياستها التنموية.[٣] وفي سبعينات القرن العشرين استطاع أعضاء منظمة الأوبك، والذين تضاعف عددهم، التحكم شبه الكامل في وضع سعر لبيع النفط الخام في الأسواق الدولية، ومن مظاهر هذا التحكم في السوق أنه استطاعت الدول العربية قطع إمداداتها النفطية لبعض الدول الغربية وغيرها في عام ١٩٧٣ لفترة وجيزة اثناء الحرب بين بعض الدول العربية وإسرائيل؛ كما تأثرت الأسعار في سوق النفط بسبب اندلاع الثورة الإسلامية في إيران عام ١٩٧٩وارتفعت نتيجة لها. ولكن في نفس الحقبة الزمنية يُذكر أنه أسست منظمة الأوبك صندوقا لدعم التنمية والاستقرار للدول ذات الدخل المنخفض في عام ١٩٧٦.[٤]

أما في ثمانيات القرن العشرين، فاكتظ السوق بالنفط، بعد أن سبق توسيع المنظمة لتشمل ١٣ عضوا في منتصف السبعينات من نفس القرن. ونتج عن إشباع السوق بالنفط هبوط الأسعار التي وصلت لتقريبا ثلث ما كانت عليه اثناء ذروتها سابقا. كرد فعل للمنظمة تجاه الركود في سوق النفط هو اعتماد حد أعلى (سقف) للإنتاج الكلي للأعضاء وفتح الحوار والتعاون بين الأعضاء وغير الأعضاء في المنظمة. وبذا بدأت سياسة الأوبك الاحتكارية تتوسع للسيطرة على سعر النفط بالأسواق.

وفي فترة التسعينات من القرن العشرين تميزت سوق النفط بالتقلبات فيها بسبب حرب الخليج الأولى بعد احتلال العراق للكويت اثناء حكم صدّام حسين وأيضا بسبب التغييرات الدولية ذات التأثير البعيد مثل انحلال الاتحاد السوفياتي. لكن بفضل تحسن التفاهم بين المصدّرين والمستوردين للنفط تحسنت أحوال أسواق النفط بصفة عامة وفي الفترة ذاتها ازداد الاهتمام بالبيئة ودور النفط المؤثر عليها والتي تم مناقشتها في مؤتمر قمة الأرض الذي نظمته الأمم المتحدة عام ١٩٩٢.[٥]

في الحقبة الأولى من القرن الحالي واجهت المنظمة تحديات جديدة بالرغم من اتباعها سياسة جديدة مبتكرة لتحديد سعر النفط. من أهم هذه التحديات هي المضاربة في سوق النفط والتي ساهمت في رفع أسعاره إلى مستويات لم يسبق لها مثيل. وبعد منتصف تلك الحقبة، وتحديدا في ٢٠٠٧ و٢٠٠٨ انخفضت أسعار النفط بصورة جذرية عقب الأزمة الاقتصادية التي أصيب بها الاقتصاد العالمي.[٦] في الحقبة الثانية من القرن الحالي، ظهر عدد من الأزمات السياسية في العالم، منها الحرب الأهلية الدائرة في سوريا واليمن ورفع العقوبات الاقتصادية ضد إيران ثم إعادة فرضها عليها وعدم الاستقرار في فنزويلا.

في السنوات الأخيرة أصبحت منظمة الأوبك تواجه مشاكل داخلية بين أعضائها ومشاكل خارجية، الأمر الذي جعل بعض المحللين يفكرون أنها منظمة فقدت قوتها الاحتكارية ويجب تفكير أعضائها في حلّها كليا أو تقليصها إلى مجموعة تشمل عددا أقل من الدول ذات التشابه الاقتصادي والتقارب الجغرافي و الأهداف السياسية المشتركة.

فبالنسبة للمشاكل الداخلية بين أعضائها نجد في المقام الأول الاختلافات السياسية بين بعض الدول المؤسسة للمنظمة وأكبرها في تصدير النفط. وغالبا ما يشلّ هذا الخلاف قدرة المنظمة على اتخاذ قرارات يتفق عليها الأعضاء المهمين. إضافة لذلك امتد الشقاق الداخلي ليشمل خلافات سياسية حالية بين بعض دول مجلس التعاون الخليجي.، الأمر الذي أدى مؤخرا لإعلان إحداها العزم على الخروج من منظمة الأوبك في عام ٢٠١٩. وهذا القرار في حد ذاته ليس مشكلة ضخمة للأوبك، لكن ما يتبع هذا القرار أيضا هو نيّة بعض الدول في زيادة إنتاجها للغاز الطبيعي والذي بدوره سيكون منافس للنفط يتمتع بتأييد أعظم من جانب المهتمين بالحفاظ على البيئة. ثانيا، الدول الأعضاء في المنظمة تقع في أقاليم متعددة منها غرب آسيا، وأفريقيا، وأمريكا اللاتينية، الأمر الذي قد يعقّد التواصل والتفاهم بينهم حيث أن لكل من هذه الأقاليم عوامل اقتصادية واجتماعية خاصة بها وكذلك يزيد من تعقيد الأمور الاختلافات الثقافية واللغوية بينها. فالنفط فقط مهما كانت أهميته لكل من تلك الدول لا يكفي كرابط لتوحيد الرأي والرؤية بين الدول الأعضاء في الأوبك.

أما بالنسبة للتحديات الخارجية لمنظمة الأوبك فهي في الازدياد في الآونة الأخيرة. أخطر هذه التحديات الحفر الصخري (يُعرف بـ "فراكنغ")، والوعي بتأثير النفط السلبي على البيئة، أي الاحتباس الحراري، والاستثمار في مصادر النفط البديلة. فالحفر الصخري، وخصوصا في الولايات المتحدة الأمريكية، أدى إلى ازدياد انتاجها المحلي إلى معدلات عالية يُذكر منها على سبيل المثال أن في شهر نوفمبر ٢٠١٧ وصلت نسبة الإنتاج المحلي للنفط الخام في الولايات المتحدة إلى أعلى نسبة له تاريخيا.[٧] إضافة لذلك، الولايات المتحدة أصبحت مُصدّرا حقيقيا للغاز الطبيعي، وبما أن سعر الغاز الطبيعي عادة أرخص بكثير من سعر النفط فيترتب على ذلك ازدياد حصة الغاز الطبيعي في تجارة الطاقة. ونرى فعلا أن شركة شل الهولندية مثلا قد بدأت تحويل استثماراتها نحو الغاز الطبيعي.[٨]

كما ويذكر أستاذ التمويل كريس روس بجامعة هيوستن الأمريكية أن الصورة السلبية لصناعة النفط قد ساءت إلى حد بعيد بسبب تأثيره على تلوث البيئة وخصوصا لما يسببه عوادم السيارات والاحتباس الحراري، بخلاف الغاز الطبيعي، ويترتب على ذلك تحديات قضائية مكلفة للشركات المنتجة للنفط. إضافة لذلك بدء بعض الدول والشركات في الاستثمار في إنتاج أجهزة وسيارات لا تعتمد في تشغيلها على النفط. ومن مظاهر هذا الموقف أيضا أن بعض الحكومات تبنت سياسات قد تقلل جذريا من الاعتماد على النفط. من بينها يذكر الأستاذ روس حكومتي النرويج وهولاندا اللتين تخططان لإنهاء تسجيل السيارات المعتمدة على النفط في تشغيلها في عام ٢٠٣٠ وحكومتا المملكة المتحدة وفرنسا أيضا اللتان قد خططتا لإيقاف بيع ذلك النوع من السيارات بحلول عام ٢٠٤٠.[٩] ويضيف الأستاذ روس أن مصادر الطاقة المتجددة في الوقت ذاته أصبحت تتمتع بتأييد عام بين الشباب والكبار في المجتمع.[١٠]

ففي هذه الأجواء، المستقبل قد لا يُبشّر بالخير لمنظمة الأوبك لو استمرت على نفس الحال. لذلك من الأفضل أن تعيد المنظمة النظر في هيكلها، عضويتها، التحديات الراهنة والمحتملة وعمل تعديلات تضمن استمرارها على المدى القريب والبعيد.

١.-٦. نفس المصدر، تاريخ دخول الموقع ١٠ نوفمبر ٢٠١٨. https://www.opec.org/opec_web/en/about_us/24.htm

٧.-١٠. نفس المصدر، تاريخ دخول الموقع ١٨ نوفمبر ٢٠١٨. https://www.forbes.com/sites/uhenergy/2018/04/05/prices-are-up-but-challenges-remain-for-oil-and-gas-companies/#13bafbd1213d

## التحدي

### تمرين ٧١: دراسة وتقديم توصيات

بناء على النص السابق، يجب التفكير في الأمور التي يجب أن تتناولها/تتناوليها في دراستك وتحليلك وتوصياتك بشأن مستقبل منظمة الأوبك. فعليك الآن أن تفكّر/ي مليا فيما يلي:

١. الظروف التي قد تضمن استمرار أو حل منظمة الأوبك
٢. ماذا سيحدث لسوق النفط ولأعضاء الأوبك لو تم حلّ المنظمة كليا؟
٣. ماذا سيحدث لو أصبحت العضوية مقصورة على الدول العربية فقط، أو حتى دول مجلس التعاون الخليجي الخمس في حال خروج قطر من المنظمة؟
٤. كيف تستطيع منظمة الأوبك كسب الرأي العام العالمي وخصوصا رأي الأجيال الناشئة؟
٥. ماذا تستطيع المنظمة عمله تجاه مصادر الطاقة البديلة للحفاظ على حصتها في أسواق النفط؟

بعد النظر في الاحتمالات المستقبلية عليك تقديم اقتراح كتابي وشفوي مدروس في ثلاث صفحات تبين/ين فيه تحليلك لمستقبل الأوبك والأدلة المُقنعة التي بنيت عليها اقتراحك.

## مصادر إضافية مقترحة للبحث

في حالة عدم التمكن من البحث باستخدام المواقع الإلكترونية المقترحة، اختر/اختاري بنفسك مصادر إلكترونية أخرى تتناول هذه المواضيع أو ما يشابهها.

١. مستقبل النفط
"مستقبل النفط في ظل الاستراتيجية السعودية الجديدة"
https://www.aljazeera.net/news/ebusiness/2016/5/2/مستقبل-النفط-في-ظل-الإستراتيجية-السعودية-الجديدة
٢. مستقبل الطاقة الشمسية
"إليكم ما ستغيره الطاقة الشمسية في حياتنا"
https://raseef22.com/article/2109-future-of-solar-energy
٣. مستقبل الطاقة النووية
"مستقبل الطاقة النووية في الشرق الأوسط وشمال أفريقيا"
https://carnegie-mec.org/2016/01/28/ar-pub-62623

٤. مستقبل الطاقة

"مستقبل الطاقة" بقلم فريد زكريا

http://www.siironline.org/alabwab/edare-%20eqtesad(27)/759.htm

٥. سيناريوهات ما بعد تفكك الأوبك

"المستقبل بلا نفط . . سيناريوهات سعودية ما بعد تفكك منظمة الأوبك"

https://alarab.co.uk/المستقبل-بلا-نفط-سيناريوهات-سعودية-ما-بعد-تفكك-منظمة-أوبك

٤

الوحدة الرابعة

# الصيرفة الإسلامية

## أهداف الوحدة الدراسية

سنتعلم في هذه الوحدة عن:

- نشأة المصارف الإسلامية ومعاملاتها وإسهاماتها في الاقتصاد
- الأسس الدينية التي قامت عليها وإدارتها
- الفرق بين المصارف الإسلامية والتقليدية
- مُستقبل المصارف الإسلامية في الدول الإسلامية وغيرها
- دراسة حالة: راجع البنك المركزي ليشكي "البنك العربي الإسلامي" فأجابوه "الله يعوضك"

# استحضار معلومات

اكتب/ي الإجابة على الأسئلة التالية بناء على معلوماتك عن المصارف الإسلامية ثم ناقش/ي إجاباتك مع زميل/ة في الصف.

١. ما هي البنوك الإسلامية؟

٢. أي دول العالم تتصدر مجال الصيرفة الإسلامية؟

٣. متى بدأت تظهر المصارف الإسلامية في العالم؟

٤. كيف تختلف البنوك الإسلامية عن البنوك التقليدية؟

٥. هل تظن/ين أن البنوك الاسلامية تلعب دورا هاما في الاقتصاد العالمي؟

٦. ما هي المجالات التي تظن/ين أن البنوك الإسلامية لا تستثمر فيها؟

# القراءة ١

## تمرين ١: إلقاء نظرة سريعة على النص

ابحث/ي عن المعلومات التالية خلال القراءة السريعة وأجب/أجيبي على الأسئلة التالية ثم ناقش/ي إجاباتك مع الزملاء في الصف.

١. من يشرف على إدارة البنوك الإسلامية؟

٢. في أي الجامعات يمكن التخصص في الصيرفة الإسلامية؟

٣. في أي بلد عربي نجد قانونا يمنع إعطاء أو فرض الفائدة في التعامل مع البنوك؟

## تمرين ٢: الحقائق الناقصة

من خلال النظرة السريعة، ابحث/ي في النص عن الحقائق الناقصة في الجمل التالية.

١. البنوك الإسلامية بدأ ظهورها في عام _____

٢. فُتح أول بنك إسلامي في إنجلترا في عام _____

٣. عدد البنوك الإسلامية المتوقع في العالم في عام ٢٠١٥ _____

## تمرين ٣: تعبيرات هامة في السياق النصي

اقرأوا الجمل التالية وحاولوا تخمين معاني الكلمات التي تحتها خط من خلال جذر كل كلمة ونمطها وسياق الجملة المستخدمة فيها. ثم حاولوا استبدال تلك المفردات بمرادفات مساوية لها في المعنى.

١. "يُشرف عليها [البنوك الإسلامية] مجلس ديني مُستقل يتكون من عدد من عُلماء متخصصين في <u>فقه المعاملات المالية</u> يرشدون البنك ويُصدقون على كل معاملاته اليومية أنها تتماشى مع قواعد الدين الإسلامي"

العبارة المرادفة لـ "فقه المعاملات المالية": _____

٢. "أحد أسس التعامل في البنوك الإسلامية هو المشاركة في الربح والخسارة بين صاحب/ة المال والمُقترِض/ة الذي/التي يوظّف/توظّف المال في استثمارات إنتاجية"
التعبير المرادف لـ "المُقترِض/ة": ____________________

٣. "هذه البنوك تُحرّم استلام أو دفع الفوائد على الأموال المُقترَضة لأنها تُعد ربا حرّمه الإسلام"
التعبير المرادف لـ "ربا": ____________________

٤. "ولكن من بعض المآخِذ على هذه البنوك من جانب المشككين في أهمية أنشطتها لتنمية وتنشيط الاقتصاد أنها حتى الآن لم تشارك في تمويل شامل لبناء مشاريع ضخمة مثل بناء مُدن مثلا"
التعبير المرادف لـ "المآخذ": ____________________

٥. "فمثلا المرابحة في النظام المصرفي الإسلامي يزعم بعض المشككين في أنها ما هي إلا قروض ربوية مُقنّعة يجيزها المجلس الديني المشرف على معاملات المصرف ومنتجاته المالية"
التعبير المرادف لـ "المُقَنَّعَة": ____________________

٦. "ولهذا يطالب البعض بتكوين لجنة تشريعية موحّدة في البنك المركزي للدولة يلتزم بفتاويها المصارف الإسلامية في ذات الدولة"
التعبير المرادف لـ "بفَتاويها": ____________________

النص

## أعمال المصارف الإسلامية

البنوك الإسلامية هي إحدى المؤسسات المالية التي تُسهم في تحقيق نظام اقتصادي مبني على نُظُم وقوانين وقيم الإسلام. ولكي يتم التأكّد من أن معاملات تلك البنوك تتبع أحكام الشريعة الإسلامية يُشرف عليها مجلس ديني مُستقل يتكون من عدد من عُلماء متخصصين في فقه المعاملات المالية يرشدون البنك ويُصدقون على كل معاملاته اليومية أنها تتماشى مع قواعد الدين الإسلامي وأن استثمارات البنك في مجالات لا يحرّمها الإسلام. وبما أن الإسلام ليس فقط دين وعبادة، فإنه نهج في كل نواحي الحياة بما فيها العلاقات الاقتصادية، من هنا كانت الحاجة إلى تلك المصارف. فالأن الصيرفة الإسلامية تشمل قطاعات عدة منها القطاع الإعلامي والأغذية والمشروبات الحلال والأدوية والأزياء المحافظة والترفيه الحلال.

ظهرت البنوك الإسلامية رسميا في بعض الدول العربية لأول مرة في السبعينيات من القرن العشرين متزامنة مع بداية القرن الخامس عشر من الهجرة، وكان ظهورها بمثابة بديل للبنوك التجارية الغربية. الآن هذه البنوك تنتشر في دول إسلامية وأخرى بها أقليات من المسلمين مثل بريطانيا التي فتحت أول بنك إسلامي في عام ٢٠٠٥ وهو البنك الإسلامي البريطاني. أحد أسس التعامل في البنوك الإسلامية هو المشاركة في الربح

# وأحل الله البيع وحرم الربا

والخسارة بين صاحب/ة المال والمُقترض/ة الذي/التي يوظّف/توظّف المال في استثمارات إنتاجية. أيضا هذه البنوك تُحرّم استلام أو دفع الفوائد على الأموال المُقترَضة لأنها تُعد رِبا قد حرّمه الإسلام، وأيضا لا تستثمر هذه البنوك في قطاعات يحرّمها الإسلام مثل الخمور والقمار وصناعة الترفيه المُحرّم، ولا في المخاطرة برأس المال أو المجازفة به. ومع ازدياد وسرعة انتشار هذه المصارف والحاجة لمتخصصين في الصيرفة الإسلامية داخل وخارج الدول الإسلامية في الآونة الأخيرة، استجابت بعض الجامعات مثل جامعة الزرقاء بالأردن بفتح تخصص في المصارف الإسلامية كقسم دراسي مستقل بكلية الاقتصاد والعلوم الإدارية في عام ٢٠١٠ لإعداد خريجين متخصصين في هذا القطاع النامي في اقتصادات الدول العربية والإسلامية. ولا يقتصر التعامل في هذه البنوك على الزبائن والمستثمرين المسلمين فقط بل يشمل أيضا غير المسلمين.

ولكن من بعض المآخذ على هذه البنوك من جانب المشككين في أهمية أنشطتها لتنمية وتنشيط الاقتصاد أنها حتى الآن لم تشارك في تمويل واسع وشامل لبناء مشاريع ضخمة مثل بناء المُدن. ومن بعض المآخذ الأخرى هو عدم إحداث ازدياد أو تنمية اقتصادية ملموسة أو حتى تقليص ملحوظ لنسبة الفقر في بعض الدول التي أُنشئت بها. كما لا يقتصر انتقاد المصارف الإسلامية عند هذا الحد بل يتجاوزه أحيانا بالتشكك في أن معاملاتها ومنتجاتها لا تختلف عن تلك المعروفة في البنوك التقليدية (الربوية) إلا في مسميات المعاملات فقط، فمثلا المرابحة في النظام المصرفي الإسلامي، يزعم بعض المشككين أنها ما إلا قروض ربوية مُقنّعة يجيزها المجلس الديني المشرف على معاملات المصرف ومنتجاته المالية. إلا أنه لا توجد أدلة قانونية على ذلك، وبالإضافة لذلك فإن عملاءها يضعون ثقتهم الكاملة فيها.

كما ويرى البعض في تباين الفتاوى الشرعية بشأن معاملات ومنتجات المصارف الإسلامية نوعا من عدم الاستقرار والثبوت في نشاطات تلك المصارف حيث لا يتم أي نشاط مصرفي إلا بعد موافقة المجلس أو الهيئة التشريعية التي تراقب أعماله. ولهذا يطالب البعض بتكوين لجنة تشريعية موحّدة في البنك المركزي للدولة تلتزم بفتاويها المصارف الإسلامية في ذات الدولة. وقد استجابت بعض الدول لهذا الطلب بتعيين هيئة عُليا للرقابة الشرعية ولكن ينتقد البعض هذا الاقتراح لأنه قد يقلل من اجتهاد فُقَهاء المعاملات وقد يضيق المجالات في التعاملات المالية. وتواجه هذه المصارف بعض التحديات في محاولتها للموافقة بين ممارستها المبنية على أسس ومبادئ الشريعة الإسلامية والقوانين السارية في الدولة. وبرغم هذه الانتقادات والتحديات فإن البنوك الإسلامية تتمتع بشعبية عريضة في الدول العربية والإسلامية وتستمر نشاطاتها في التزايد لدرجة أن بعض الدول، مثل ليبيا، أصدرت قانونا في عام ٢٠١٣ يلزم جميع المصارف على أرضها بالتعامل بدون فائدة مع عملائها ابتداءً من عام ٢٠١٥. وقد بدأ مصرف الجمهورية "المصرف المركزي" بها فعلا تنفيذ معاملاته على أسس إسلامية.[١] ويتوقع بعض الخبراء الاقتصاديين ازدياد عدد المصارف الإسلامية حول العالم الى ٨٠٠ مصرف بحلول عام ٢٠١٥ نتيجة لمبادرة "دبي عاصمة عالمية للاقتصاد الإسلامي" وأنه "سيرتفع نصيب دول الخليج من إجمالي أصول قطاع الخدمات المالية الإسلامية في العالم إلى أكثر من ٣٤٪ من أصول المصارف الإسلامية."

١. أعمال/المصارف-الإسلامية-العالم-https://www.albawaba.com/ar/505688

## المصطلحات الهامة

مصرف (ج. مصارف): بنك/بنوك

فقه المعاملات: معرفة أو دراية بأحكام التجارة مثل البيع والشراء في الشريعة الإسلامية

متزامنة: تحدث في نفس الوقت

فائدة (ج. فوائد): مقدار ثابت من المال تضيفه البنوك عند الحصول على قرض منها أو عند إيداع المال في بعض الحسابات بها

الربا: الفوائد من البنك، وتُعد حراما في الشريعة الإسلامية

المُقترض: الشخص الذي يحصل على قرض من البنك

المآخذ: الانتقادات والسلبيات

الفتوى (ج. فتاوى): حُكم ديني يصدره مُفتٍ أو عالم من علماء الدين الإسلامي

القوانين السارية: الشرائع المعمول بها

## بعد القراءة

### تمرين ٤: نشاط مفردات

بدون العودة إلى النص أكملوا التمرين التالي بناء على فهمكم لما سبق.

• صاحب المال  • شعبيتها  • الفقهاء  • فوائد  • لجنة تشريعية
• المقترض  • الأُمراء  • أرباح  • خسارتها

١. يشرف على المصارف الاسلامية عدد من _____ في الدين والاقتصاد الإسلامي ليتأكدوا من أن معاملات البنك تلتزم بالشريعة الإسلامية.

٢. تستثمر المصارف الإسلامية في قطاعات إنتاجية بشراكة بين _____ و_____ الذي يوظّف المال في الإنتاج.

٣. لا تعطي المصارف الإسلامية _____ على الودائع البنكية لأنها تعتبره ربا وهو محرّم في الشريعة الإسلامية.

٤. لتوحيد الأسس التي يتعامل بها المصرف الإسلامي مع عملائه يقترح البعض إنشاء _____ موحدة لتجنب الاختلافات بين المصارف بعضها ببعض.

٥. المصارف الإسلامية تزداد في _____ حول العالم ويدل على ذلك افتتاحها في عدد متزايد من دول العالم الإسلامية وغير الإسلامية.

### تمرين ٥: إعادة صياغة السطور المأخوذة من النص

عبروا عن المعاني في السطور التالية بصياغتها في جمل من عندكم.

١. "وبما أن الإسلام ليس فقط دين وعبادة فإنه نهج في كل نواحي حياة بما فيها العلاقات الاقتصادية لذا كانت الحاجة إلى تلك المصارف."

---

٢. "ظهرت البنوك الإسلامية رسميا في بعض الدول العربية لأول مرة في السبعينيات من القرن العشرين متزامنة مع بداية القرن الخامس عشر من الهجرة وكان ظهورها بمثابة بديل للبنوك التجارية الغربية."

---

٣. "ومن بعض المآخذ الأخرى هو عدم إحداث ازدياد أو تنمية اقتصادية أو حتى تقليص نسبة الفقر في الدول التي أُنشئت بها"

---

٤. "وتستمر نشاطاتها في التزايد لدرجة أن بعض الدول، مثل ليبيا، أصدرت قانونا في عام ٢٠١٣ يلزم جميع المصارف على أرضها بالتعامل بدون فائدة مع عملائها ابتداءً من عام ٢٠١٥"

---

### تمرين ٦: أسئلة للاستيعاب والفهم

أجيبوا على الأسئلة التالية بعد قراءة دقيقة ومتمعنة للنص وحددوا رقم الفقرة التي جاءت منها كل إجابة.

١. كيف تتأكد البنوك الإسلامية من أن معاملاتها تتم حسب الشريعة الإسلامية؟
٢. ما السبب الرئيسي لظهور البنوك الإسلامية؟
٣. ماهي أُسس التعامل في البنوك الإسلامية؟
٤. في أي المجالات تستثمر البنوك الإسلامية أموالها عادة وأي المجالات تتجنّبها؟
٥. ما هي بعض الانتقادات الموجهة للبنوك الإسلامية؟
٦. ما هي بعض التحديات التي تواجها البنوك الإسلامية؟
٧. ما هو مستقبل البنوك الإسلامية الذي تستنتجه من النص؟

### تمرين ٧: أسئلة للمناقشة والحوار

ناقشوا مع زملائكم في الصف الأسئلة التالية وحاولوا تقديم أدلة وأمثلة تؤيد رأيكم.

١. ما هو ارتباط الدين بالاقتصاد تاريخيا وحاليا؟
٢. كيف يمكن للبنوك الإسلامية مواكبة العصر الحالي في ضوء القيود الدينية الراسخة المفروضة على معاملاتها؟
٣. يبدو أن البنوك الإسلامية أكثر ارتباطا بالتطورات المالية والاقتصادية المحيطة بها، كيف يمكن ضمان استقرارها في ظل هذا الارتباط؟
٤. كيف يمكن مراقبة أعمال البنوك الإسلامية من جانب حكومات ليست دينية أو إسلامية؟
٥. لماذا في رأيك تتمتع البنوك الإسلامية بشعبية كبيرة في الدول التي أنشئت بها؟

## القراءة ٢

### النص

### أكثر أنواع العقود المصرفية (الشرعية) في معاملات البنوك الإسلامية

**الإجارة:**

هي في أبسط أنواعها تعاقد بين البنك (المؤجر) والعميل/ة (المستأجر/ة) بموجبه يشتري البنك عقارا قد يسبق اختياره بالاتفاق بين المؤجر والمستأجر (بيت، شقة مثلا) ثم يؤجره للعميل/ة بعد امتلاك البنك له ويتيح عقد الإجارة للعميل/ة شراء العقار في أي فترة أثناء التأجير أو عند انتهاء عقد التأجير بسعر يتفق عليه الطرفان في العقد مسبقا. وفي تلك الحال الأجرة تُعد أقساطا لشراء (وامتلاكا للعقار).

ويُسند هذا النوع من المعاملات لأية في القرآن "قالت إحداهما يا أبت استأجره، إن خير من استأجرت القوي الأمين" (سورة القصص).

والحديث النبوي الذي رواه عبد الله بن عُمر: "أعطوا الأجير أجره قبل أن يجف عرقه"

**المُضارَبة:**

المضاربة هي تعاقد بين صاحب المال والمُضارب (الشخص الذي يدير المشروع بسبب خبرته في المجال/المهنة). يتقاسم الطرفان الأرباح أو الخسارة بينهما، ففي حالة تحقيق الربح يحصل صاحب المال على نسبة يُتفق عليها مسبقا. ويحصل المضارب أيضا على نسبته نتيجة عمله. وفي حالة الخسارة يفقد الممول رأس المال ويفقد المُضارب راتبه للفترة التي لم تنتج أرباحا.

**المرابحة:**

اتفاق بين المصرف (البائع/ة) والمشتري/ة (العميل/ة) يتم بموجبه شراء سلعة معينة للعميل/ة لبيعها بثمنها الأصلي مضافا إليه نسبة ربح محددة يتم اطلاع المشتري/ة عليها قبل التوقيع على العقد.

**الاستصناع:**

هو نوع من الاتفاق على صُنع شيء ما (مثلا سيارة أو سفينة) حسب مواصفات معينة يحددها/تحددها المشتري/ة ويدفع تكاليف إنتاجها البنك ويتعهد بشرائها العميل/ة عندما تكون جاهزة للتسليم.

## بعد القراءة

### تمرين ٨: أسئلة للمناقشة

١. اذكر/ي المجالات التي فيها يمكن تطبيق كل عقد من العقود الشرعية الموصوفة أعلاه.

٢. ما هي أوجه التشابه والاختلاف بين هذه العقود الشرعية في المصارف الإسلامية والعقود المستخدمة في البنوك التقليدية؟

٣. أي هذه العقود الشرعية تفضلها/تفضلينها ولماذا؟

# القراءة ٣

## المصطلحات الهامة

الوديعة (ج. الودائع): مقدار أو مبلغ مالي يضعه/تضعه الزبون/ة في حساب له/لها
القرض (ج. القروض): مال يحصل/تحصل عليه الزبون/ة من البنك لهدف ما (مثلا شراء سيارة) يعيد/تعيد دفعه للبنك فيما بعد
العقد (ج. العقود): فترة زمنية لعشر سنوات، اتفاق للتعامُل
الاحتكاك: الاتصال، صلة، تلامُس
الجوهر: الأساس
الحصيلة: المجموع، الإجمالي
الحصّة: الجزء، النصيب
المديونية: من "ديون"، وهي القروض
حدود دنيا: أقل المقادير
العميل/ة (ج. العملاء، العميلات): الزبون/ة

### تمرين ٩: نشاط المفردات

اختاروا المفردات التي تكمل المعنى في الجمل التالية.

الربحية • المشاركة • تجتذب • معاملات •
فائدة • عبء • توزيع • نجاحا • المضارب • ودائع

١. لا تعطي المصارف الإسلامية ________________ على الودائع البنكية لأنها تعتبرها ربا وهي محرّمة في الشريعة الإسلامية.
٢. تقوم المصارف الإسلامية على أساس ________________ لا الفائدة في توظيفها للأموال.
٣. مازال الكثير من الناس لا يعرف معلومات كافية عن ________________ المصارف الاسلامية
٤. لأن المصارف الإسلامية عليها تقديم خدمات مختلفة، يقع عليها ________________ كبير في تبيين الاختلاف بينها وبين المصارف التقليدية.
٥. العلاقة بين المصرف والزبون في المصارف الإسلامية تتطلب ________________ في الأرباح حسب شروط العقد بينهما.

النص

## المصرف الإسلامي: مصرف بديل أم مختلف؟

سألني أحد الاخوة عن ماهية اختلاف المصرف الاسلامي عن المصرف التقليدي، ولعل السائل ومثله كثير قد لا يجد ذاك الاختلاف الواضح أمام عينيه بين المصرفين، ففي نظرة المصرفيين هي تجمع الودائع من ناحية، وتقرض وتستثمر من ناحية أخرى، ولا أعني بحديثي هنا فقط الناحية الشرعية، لأن النتيجة النهائية عند المصرفيين واحدة وهي تحقيق الربحية للمساهمين في المصرف أيا كان نوعه. وهذا يستدعي طرح العديد

من الأسئلة، خصوصا وأن التجربة المصرفية الإسلامية قد تجاوزت ثلاثة عقود، فهل هناك فعلا فرق واضح بين المصارف الإسلامية والتقليدية؟ وهل جاءت المصارف الإسلامية بنظام مصرفي مختلف عن النظام المصرفي التقليدي الذي اعتاده الناس خلال فترة زمنية طويلة؟ أم هو نظام بديل لنظام مصرفي قائم؟

مما لاشك فيه أن الكثيرين قد طرحوا مثل هذه الأسئلة وغيرها، وهذا دليل على أن التجربة، وبالرغم من هذه المدة، ما زالت لم تطرح نفسها بالأسلوب أو الطريقة المناسبة، وبحكم احتكاكي بالعديد من عملاء المصارف خلال فترة عملي في المجال المصرفي، فإن ذلك يعود إلى نوعية أسلوب طرح المنتجات في المصارف الإسلامية، وقيام المتعاملين بشكل دائم بالمقارنة مع المصارف التقليدية القائمة والتي في كثير من الأحوال كان لها السبق في هذه المقارنة. قد نعترف جميعا أننا في حاجة إلى مصرفية مختلفة وليست بديلة في وقتنا الحاضر، وهذا يحمّل المصارف الإسلامية عبء القيام بأعمال مصرفية مختلفة في جوهرها وأسلوب طرحها وتقديمها عن المصارف التقليدية، ومن ثم يكون الحكم للمتعاملين مع هذه المصارف.

ويُعتبر تحديد نوعية العلاقة بين المصرف الإسلامي والمودع في هذا المصرف هو الخطوة الأولى في هذا المجال، بحيث تكون العلاقة قائمة على أساس عقد المضاربة الشرعية، والتي يصبح فيها العميل المودع (مضارب بالمال) والمصرف الإسلامي (مضارب بالعمل) ويتم توزيع الأرباح بين الطرفين حسب الاتفاق، وتعطي هذه العلاقة للمودعين أبعادا مهمة، فيصبح المودعون، وغالبيتهم من أصحاب رؤوس الأموال الصغيرة أو متناهية الصغر، مثلهم مثل أصحاب رؤوس الأموال الكبيرة بل في مجموعهم أكبر منهم، كما أن حصيلة أعمال المصرف يصبح لهؤلاء المودعين حصة فيها نظير مشاركتهم في تمويل هذه الأعمال.

هذا فرق واضح وحقيقي بين المصرف الإسلامي والتقليدي وليس من واقع الخيال، ولكنه غير مُفعَّل بشكل جيد في العديد من المصارف الإسلامية بمختلف دول العالم، ويرجع ذلك إلى استثمار أموال المودعين في عمليات تمويل يغلب عليها المديونية مثل المرابحة والإجارة والاستصناع متجاهلة العقود الأخرى مثل عقود المشاركات، كما أنه وللأسف تضع بعض هذه المصارف العوائق أمام المودعين بتحديد حدود عُليا لحجم الوديعة لاستحقاق أرباح، مما يحرمها من عدد كبير من صغار المودعين، وتفسر ذلك بأن حجم هذه الودائع لا يغطي مصاريف إدارة هذه الودائع، متناسية أنها تقوم بتشغيلها واستثمارها بمجموعها وليس فرديا، وتحقيق ربحية تذهب لخزينة المصرف دون المودعين.

إن الميزة التي توفرها الأنظمة المصرفية بمختلف أنواعها عن طريق جمع أموال المجتمع بمختلف فئاته وطبقاته تجعلها قادرة على تحريك الاقتصاد بشكل عام، وللمصارف الإسلامية ميزة تختلف عن غيرها بدخول العميل معها شريكا في رأس المال، وبالتالي في النتيجة، ينعكس هذا الأثر وبشكل مباشر على الفرد والجماعة وبالتالي على الاقتصاد بشكل عام .

## بعد القراءة

### تمرين ١٠: أسئلة للاستيعاب والفهم

أجيبوا على الأسئلة التالية بعد قراءة دقيقة ومتمعنة.

١. على أي أُسس تتعامل البنوك الإسلامية؟
٢. ما هي نوع الخدمات التي تقدمها لزبائنها؟
٣. ما هي التحديات التي تواجهها هذه البنوك؟
٤. لماذا حتى الأن معاملات وخدمات المصارف الإسلامية غير مفهومة بوضوح؟

٥. ما هو موقف الكاتب نحو وظيفة المصارف الإسلامية؟ هل في نظره هي مصارف بديلة أم مختلفة عن المصارف التقليدية؟
٦. لماذا بالرغم من التحديات والانتقادات مازالت تتوسع تلك البنوك في انتشارها حول العالم؟
٧. في رأيك كيف تستطيع البنوك الإسلامية التغلّب على التحديات والعقبات التي ذُكرت في النص وخصوصا في جذب عملاء غير مسلمين؟

### تمرين ١١: أسئلة للمناقشة والحوار

ناقشوا الأسئلة التالية مع زملائكم في الصف وأيدوا آراءكم بأدلة وأمثلة.

١. ما أهمية معاملات البنوك الإسلامية للفرد وللاقتصاد بالدولة بصفة عامة؟
٢. ما ذا تظن/ين سيكون موقف أغلبية الدول غير الإسلامية من فكرة فتح فروع لبنوك إسلامية بها؟
٣. كيف سيؤثر انتشار البنوك الإسلامية في المستقبل على الاقتصاد العالمي؟
٤. لو أراد بنك إسلامي فتح فرع له في مدينتك/بلدك فبم تنصح/ين إدارته أن تفعل لكسب الرأي العام واجتذاب زبائن؟

### تمرين ١٢: أسئلة إضافية للمناقشة والحوار

بناء على فهمك للمصارف الإسلامية، اعقد/ي مقارنة بينها وبين المصارف التقليدية حسب كل خاصية مما يلي ثم قارن/ي إجابتك مع الزملاء في الصف.

| وجه المقارنة | البنوك التقليدية | البنوك الإسلامية |
|---|---|---|
| التمويل | | |
| تحمّل الخسارة | | |
| الأرباح | | |
| تسديد القروض | | |

### تمرين١٣: بحث في الإنترنت

ابحثوا في الإنترنت عن أمثلة للمعاملات المصرفية التالية للبنوك الإسلامية والقطاعات الاقتصادية التي قد تُستخدم بها ودوّنوا الأمثلة وما فهمتموه عن كل منها.

١. التمويل بالمضاربة:

______________________________

______________________________

٢. التمويل بالاستصناع:

_____

_____

٣. التمويل بالإجارة:

_____

_____

٤. التمويل بالسلم:

_____

_____

٥. التمويل بالبيع الآجل:

_____

_____

## تمرين ١٤: حالات افتراضية

١. أنت تريد/ين شراء سيارة جديدة ولكن ليس بمقدورك أن تدفع/ي ثمنها كاملا ولذلك ترغب/ين في الحصول على تمويل من بنك إسلامي. ابحث/ي في الإنترنت عن أفضل طريقة تمويل لشراء السيارة والخطوات التي يجب اتباعها للحصول على التمويل المناسب من البنك.

٢. أنت تريد/ين شراء بيت صغير (عقار) بتمويل من بنك إسلامي. فتش/ي في الإنترنت عن برامج التمويل التالية واختر/اختاري أفضلها بالنسبة لك: التمويل بصيغة الإجارة المنتهية بالتمليك والتمويل بصيغة المرابحة

٣. أنت مُزارع/ة وعندك قطعة أرض زرعت فيها القطن وتريد/ين أن تحصل/ي على تمويل عن طريق بنك إسلامي لاستثماره في زرع القطن وبيعه فيما بعد لمن منحك التمويل. ما هي طريقة التمويل الإسلامي المناسبة في هذه الحالة؟

## تمرين ١٥: نشاط كتابة

في تقرير لا يقل عن ٢٠٠ كلمة اكتب/ي ملخصا تقيّم/ين فيه الطرق المُتاحة لتمويل ما ترغب/ين فيه والشروط والمستندات المطلوبة للحصول على التمويل وأسباب اختيارك لإحداها.

## الاستماع

لقاء مع الأستاذ خالد عبد الله الخوري الرئيس التنفيذي لبنك قطر الدولي في الدوحة بقطر

## المصطلحات الهامة

جزاه الله خير: تعبير للترجي/للتمني بأن الله يُبارك في شخص

الصيرفة: ممارسة الأعمال في البنوك

أصل (ج. أصول): أشياء ذات قيمة مالية يمتلكها الشخص أو البنك

تأثرت بشكل وايد (جدا) أقل: تأثرت بشكل بسيط جدا

كل شيء مُباح إلا بالنص: كل شيء حلال إلا ما هو ممنوع بالنص القرآني

خمر: المشروبات الكحولية (حرفيا يعني النبيذ)

عقارات: مباني وبيوت وغيرها من المنشآت

التدقيق: مراجعة للتأكد من صحة البيانات مثلا

صيرفيين: المتخصصون أو الموظفون في أعمال البنوك

استحوذنا على: تولينا إدارة (مُنشأة مثل بنك)

صكوك: وثائق ملكية، أوارق إسلامية، deeds

شريحة من المجتمع: فئة أو مجموعة من الناس في المجتمع

غصبت على: أجبرت على/ضغطت على

خسائر دفترية: خسائر مدونة في الحسابات المكتوبة

## تمرين ١٦: الأفكار الرئيسية والتفاصيل

دوّنوا أكبر كمّية من التفاصيل تحت كل من المفاهيم الرئيسية التالية أثناء مشاهدة الفيديو.

١. الأسس التي تقوم عليها المصارف الإسلامية:

_____

٢. الفرق بين المصارف الإسلامية والتقليدية:

_____

٣. أوجه ممارساتها والمشاريع التي تستثمر بها:

_____

٤. المآخذ على ممارسات البنوك الإسلامية:

_____

٥. الفرق بين البنوك التقليدية والإسلامية في الشراء والبيع:

_____

٦. كيفية إدارة المصارف الإسلامية:

_____

٧. دور المصارف الإسلامية في الاقتصاد مكمل أم منافس للمصارف التقليدية:

_____

٨. جهود التوسع للمصارف الإسلامية لاجتذاب غير المسلمين من الأفراد أو الشركات:

_____

٩. مستقبل المصارف الإسلامية في قطاع الصيرفة:

_____

١٠. أداء المصارف الإسلامية أثناء الأزمة الاقتصادية العالمية في عام ٢٠٠٨:

_____

## تمرين ١٧: أسئلة للاستيعاب والفهم

أجب/أجيبي على الأسئلة التالية ثم ناقشها/ناقشيها مع زميل/ة في الصف.

١. ما هي أهم الفروق بين معاملات المصارف الإسلامية والتقليدية؟
٢. لماذا تأثرت المصارف الإسلامية بنسبة سلبية أقل من المصارف التقليدية أثناء الأزمة الاقتصادية في عام ٢٠٠٨؟
٣. ما هي أحد الانتقادات للمصارف الإسلامية التي ذكرها الخبير في الفيديو؟
٤. ما الفرق في شراء سيارة بواسطة المصرف الإسلامي ونظيره التقليدي الذي بيّنه الخبير في الفيديو؟
٥. كيف يتم إدارة المصارف الإسلامية وما دور مجلس الشريعة في سياق نظام الإدارة؟
٦. ما العوامل التي يعتبرها الفرد أو الشركة عند اختيار المصرف الإسلامي أو المصرف التقليدي حسب الخبير في الفيديو؟

## دراسة حالة

### تمهيد للدراسة

### راجع البنك المركزي ليشكي "البنك العربي الإسلامي" فأجابوه الله يعوّضك

وكالة جراسا الاخبارية:

خاص—في شكوى وصلت "جراسا نيوز" انتقد أحد المواطنين الأردنيين المغتربين في المملكة العربية السعودية قيام البنك العربي الإسلامي بخصم عمولات مخفية و بدون علمه عن كل مبلغ يقوم بتحويله من حسابه لدى البنك العربي الوطني في السعودية إلى البنك العربي الإسلامي الدولي في الأردن. وأكد المواطن في شكواه أنه لدى اتصاله مع البنك للاستفسار عن قيمة العمولات لم يُبَلّغ بما يسمى بعمولة "البنك الوسيط" وأكد المواطن في شكواه "أنه قبل تحويل المبالغ المالية قام بالاتصال مع مدير فرعه في البنك العربي الإسلامي الدولي وأبلغه أن أعلى قيمة عموله للتحويل تبلغ ٣ دنانير و بناء عليه قام المشتكي بتحويل ٣ حوالات مالية" وأوضح المواطن أنه "لدى طلبي كشف حساب من فرعي في البنك وجدت أنه مخصوم من حسابي مبلغ ٢٢ دينار من كل حوالة علما أنه وبحسب الكشف البنكي فإن قيمة عمولة تحويل الحوالة هي دينار واحد." وزاد المواطن "قمت بمراجعة المسؤولين في البنك فأجابوني أنه يوجد بنك وسيط بيننا وبين البنك العربي الوطني لعدم وجود اتصال مباشر معه وهذا الوسيط هو البنك العربي وبالتالي يتقاضى عمولة بدل الوساطة." وباستهجان قال المواطن "إن كان البنك لا يملك اتصالا مباشرا مع بنوك السعودية، فهذه مشكلته وحده، وعليه أن يتحملها وحده،" متسائلا "إذا كان هناك بنك وسيط فعلا، فما هو الداعي لأن تبلغ العمولة هذا المبلغ الضخم (٢٢ دينارا) للحوالة الواحدة؟ وبأي حق يتم التعدي على أموال المودعين بحجة عمولات مخفية ووسطاء غير معلنين؟" ويشير المواطن إلى أنه قام بتقديم شكوى لدى البنك المركزي الأردني صاحب الولاية على البنوك إلا أن الرد عليه كان "الله يعوّضك."

## تمرين ١٨: تعبير ثقافي

خمّنوا معنى التعبير الثقافي "الله يعوضك" من خلال سياق النص. هل تستطيعون أن تفكروا في مواقف أخرى يمكن استخدام "الله يعوّضك" فيها؟

## التحدي

## تمرين ١٩: دراسة وتقديم توصيات

اكتب/ي تقريرا لا يقل عن صفحتين تناقش/ين فيه مشكلة الزبون مع البنك الإسلامي وحلّها، ثم قدّم/ي التقرير للزملاء في الصف. الأمور التي يجب أن تتناولها/تتناوليها في تقريرك هي:

١. هوية الزبون ونوع البنك الذي تعامل معه في البداية
٢. مشكلته مع البنك
٣. توقعات الزبون من البنك في البداية
٤. تأييد موقف الزبون أو البنك
٥. رأيك في موقف البنك
٦. نصائح تقدمها/تقدمينها للزبون حيال البنك
٧. نصائح تقدمها/تقدمينها للبنك أن يفعلها في هذه الحالة
٨. نصائح لوزير المالية في تلك البلد لتجنّب مشكلة من هذا النوع
٩. إذا حدث لك أو لصديق/ة لك مشكلة مماثلة مع بنك تعاملت معه في الماضي فاذكر/ي كيف تغلّبت على تلك المشكلة.

## مصادر إضافية مقترحة للبحث

في حالة عدم التمكن من البحث باستخدام المواقع الإلكترونية المقترحة، اختر/اختاري بنفسك مصادر إلكترونية أخرى تتناول هذه المواضيع أو ما يشابهها.

١. المصارف الإسلامية والأزمة الاقتصادية العالمية
"المصارف الإسلامية أكثر صلابة في مواجهة الأزمات المالية"
https://islamonline.net/22307
٢. دراسة المصارف الإسلامية في الجامعات
"لمحة عن قسم المصارف الإسلامية"
http://zu.edu.jo/ar/Collage/Economy/Dept_IslamicBanks/About_Section.aspx?id=20
٣. معاملات المصارف الإسلامية
"مفهوم الخدمات المصرفية الإسلامية"
https://www.adib.eg/arabic/understanding-islamic-banking
٤. الفرق بين المصرف التقليدي والإسلامي
"الصيرفة الإسلامية: الفرق بين البنك التقليدي والإسلامي"
http://www.noonpost.org/content/14432

٥. تحديات المصارف الإسلامية

"التحديات التي تواجه المصارف الإسلامية"

https://www.addustour.com/articles/271512

-التحديات-التي-تواجه-المصارف-الإسلامية-*-د-يوسف-منصور

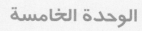

٥

الوحدة الخامسة

# التجارة الإلكترونية

## أهداف الوحدة الدراسية

سنتعلم في هذه الوحدة عن:

- التجارة الإلكترونية وحجمها في الدول العربية
- التحديات الخاصة بالتجارة الإلكترونية
- دور الحكومات والشركات في توسيع انتشار هذا النوع من التجارة
- تأثير التجارة الإلكترونية على التسوّق في الدول العربية
- دراسة حالة: تسويق الأزياء الإسلامية من إنتاج مصممي أزياء عالميين

## استحضار معلومات

اكتب/ي الإجابة على الأسئلة التالية بناء على خبرتك في التسوق الإلكتروني في بلدك أو في الخارج وناقش/ي إجاباتك مع الزملاء في الصف.

١. متى بدأت تشتري/ن أو تبيع/ين أشياء عن طريق الإنترنت؟
٢. ما هي السلع أو الخدمات التي اشتريتها/بعتها إلكترونيا مؤخرا؟
٣. ما هو الجهاز الذي استخدمته في تسوقك الإلكتروني؟
٤. لماذا اخترت الشراء/البيع إلكترونيا بدلا من الشراء/البيع التقليدي في المحلات أو "المولات"؟
٥. ما هي وسيلة الدفع التي استخدمتها في شرائك الإلكتروني؟
٦. كيف وصلتك السلع التي اشتريتها إلكترونيا؟
٧. ما هي المزايا التي تشجعك على شرائك منتجات/سلع على الإنترنت؟
٨. ما هي مخاوفك عند شرائك/بيعك لمنتجات عبر الإنترنت؟

## القراءة ١

### تمرين ١: إلقاء نظرة عامة على النص

ألق/ي نظرة سريعة على عنوان النص والصورة فيه والفقرتين الأولى والأخيرة والحقائق الرقمية في النص التالي ثم أجب/أجيبي على الأسئلة التالية.

١. ما هو حجم التجارة الإلكترونية في العالم في عامي ٢٠١٤ و٢٠١٨؟
٢. ما هي نسبة الزيادة المتوقّع أن تصل إليها التجارة الإلكترونية في العالم في عام ٢٠٢١؟
٣. ما هي الدول الخمس التي تتصدر التجارة الإلكترونية في العالم حاليا؟
٤. ما هو حجم التجارة الإلكترونية الحالي في منطقة الشرق الأوسط؟
٥. أين ظهرت أول شركة تجارية في الإنترنت في العالم العربي؟

## المصطلحات الهامة

البنية التحتية: الأسس البنائية في البلد (مثل الطرق، المصانع، المدارس)
مثال: تهتم الشركة بالمساهمة في تطوير <u>البنية التحتية</u> في المنطقة وزيادة حجم التعاون في المنطقة الحرة.

البنية التحتية المعلوماتية: النظام المعلوماتي الأساسي
مثال: ذكر وزير الاتصالات الإماراتي أن الوزارة ستصدر قانونا لحماية <u>البنية التحتية المعلوماتية</u> لمنشئات الدولة.

إدماج: إدخال الشيء بآخر، ربط وتوثيق
مثال: بدأت حملة واسعة <u>لإدماج</u> الأطفال المحرومين من التعليم في مؤسسات تعليمية في بلادهم.

الاندماج مع: توحيد شيئين (مثل شركتين، فرعين في مؤسسة) منفصلين معا لتقوية أدائهما أو توسيع نشاطهما
مثال: أعلنت شركة الطيران الأمريكية أنها ستمضي قُدما في <u>الاندماج مع</u> شركات طيران أوروبية لكي توسّع خدماتها وتقلل تكاليفها.

اختراق: دخول، وصول
مثال: لفت التقرير إلى أن نسبة اختراق الإنترنت هي الأقوى في دول الخليج بصورة عامة.

حاز على: امتلك
مثال: أشار الإحصاء إلى أن قطاع الصناعة حاز على الجزء الأكبر من ميزانية الدولة.

التنامي: ازدياد، نمو
مثال: تتنامى نسبة التجارة الإلكترونية في المجتمع الأمريكي بصورة واسعة في السنوات الأخيرة.

عَبر: عن طريق
مثال: التجارة الإلكترونية عبر الإنترنت تتنامى بصورة واسعة في المجتمع الأمريكي في السنوات الأخيرة.

الصادرات: السلع والخدمات التي تُصَدّر إلى الخارج (العكس: الواردات)
مثال: يعتمد الاقتصاد الصيني على الصادرات إلى دول العالم بحيث يمكن القول بأن الصين أصبحت مركز تصنيع لكثير من دول العالم.

المُساهمة (في): المُشاركة (في)
مثال: التجارة هي من القطاعات المساهمة في الدخل القومي والمساعدة في التطور والتنمية الوطنية لكثير من دول العالم.

ميزة تنافُسية: أفضلية/منفعة/تفوّق على المنافسين في السوق
مثال: تستغل الدول ميزتها التنافسية في سيطرتها على السوق الدولية في بعض المجالات التي تتفوق فيها.

حِصة (ج. حِصص): نصيب
مثال: مازالت حصة الدول العربية من الاستثمارات الدولية منخفضة مقارنة بمثيلاتها من دول العالم الأخرى.

الفِئة العُمرية: مجموعة من الناس في سِن/عمر مُعيّن
مثال: تشير التقارير أن البطالة مرتفعة في الفئة العمرية التي تتراوح بين ٢٥ و٣٠ عاما في بعض الدول العربية.

## تمرين ٢: نشاط المفردات

اختبر/ي ذاكرتك وفهمك للمفردات في النص! اختر/اختاري أحد التعبيرات التالية لإكمال كل جملة أدناه بدون الرجوع إلى نص القراءة. بإمكانك تغيير الكلمة من مفرد إلى مثنى أو جمع، من الماضي إلى المضارع أو العكس، أيضا أضف/أضيفي "الـ" إذا احتجت لذلك حتى تكون قواعد الجملة سليمة.

قيمة • طليعة • الإنترنت • الشحن والتوصيل • حصة • المتنامي •
اندماج • بنية تحتية • منصة • تنافسية • الفئة العمرية

١. صاحبت التجارة الإلكترونية انتشار ________________ حول العالم.
٢. شجعت الحكومات العربية هذا القطاع التجاري ________________ بإصدار تشريعات تسهل حركته.

٣. تركز كل دولة على إنتاج السلع التي تتمتع فيها بـميزة ______________ تعطيها تفوق في التجارة.

٤. إن حجم التجارة الإلكترونية العالمية يبلغ واحد ونصف تريليون دولار، بينما لا تتجاوز ______________ منطقة الشرق الأوسط من هذا الرقم أكثر من ٢٪ فقط.

٥. تستخدم شركة أمازون "سوق دوت كوم" في الإمارات كـ ______________ للتوسع في منطقة الخليج.

٦. أغلبية المتسوقين الإلكترونيين في العالم العربي من ______________ بين ٢٥ و٣٥ سنة.

٧. تقدّم بعض مواقع بيوت الأزياء العالمية خدمات ______________ للدول العربية مجانا الآن.

٨. تعتبر الإلكترونيات والملابس والسفريات في ______________ المبيعات الإلكترونية على الإنترنت.

## تمرين ٣: تعبيرات هامة في السياق النصي

حاول/ي تخمين معاني المصطلحات التالية من خلال سياق الجمل. بإمكانك مراجعة فقرات النص التي وردت فيها هذه المصطلحات.

١. "... كانت بداياتها بطيئة وتكاد تكون مقتصرة على دول لديها تطور تكنولوجي رقمي وبنية تحتية معلوماتية ووسائل دفع آمنة"
   أ. طرق ضغط
   ب. طرق شراء
   ج. طرق شحن

٢. "... وبالإضافة إلى ذلك، بادرت عدد من الشركات العالمية بابتكار طرق للدفع موثوق بها حتى تكسب ثقة المستهلك العربي"
   أ. تقليد
   ب. انهاء
   ج. اختراع

٣. "حتى تكسب ثقة المستهلك العربي الذي يخشى وجود المتاجر الوهمية والاحتيال الإلكتروني في ظل غياب الحماية والتأمين في الشراء عبر الإنترنت."
   أ. محلات غالية
   ب. محلات مزّيفة
   ج. محلات أجنبية

٤. "وتمتلك ١٥٪ من شركات الشرق الأوسط متاجر إلكترونية ولذا فهناك فرصة سانحة لازدياد المتاجر الإلكترونية في المستقبل."[١٠]
   أ. فرصة نادرة
   ب. فرصة صعبة
   ج. فرصة مُبَشّرة

٥. "وفي هذه القمة سيبحث الحاضرون في الخبرات السابقة لتنشيط التجارة وتذليل العقبات والتحديات لها وتعزيز ثقة المستهلك"
أ. تقليل الصعوبات
ب. تشديد القوانين
ج. دعم الشراء

النص

## واقع التجارة الإلكترونية في العالم العربي

التجارة الإلكترونية عبر الإنترنت هي بمثابة سوق حديثة نوعا ما في عالم الاقتصاد صاحبت انتشار الإنترنت حول العالم في الحقبة الأخيرة من القرن العشرين. كانت بداياتها بطيئة وتكاد تكون مقتصرة على دول لديها تطور تكنولوجي رقمي وبنية تحتية معلوماتية ووسائل دفع آمنة ساعدت على انتشارها وتوسعها. وبعد أن أدركت كثير من الشركات والمؤسسات التجارية حول العالم أهميتها في تحقيق الأرباح سارعت في إدماج هذا النوع من التجارة ضمن مجمل أنشطتها التجارية. كذلك شجعت الحكومات هذا القطاع المتنامي بإصدار تشريعات وقوانين تهدف لتسهيل هذا النوع من التجارة محليا ودوليا. ولهذا ليس من المستغرب أن حجم التجارة الإلكترونية العالمي الذي قد وصل إلى تقريبا واحد ونصف تريليون دولار أمريكي عام ٢٠١٤ تضاعَف إلى ما يقرب من ثلاثة تريليون عام ٢٠١٨ ومن المتوقع أن يصل إلى أربعة ونصف تريليون بحلول عام ٢٠٢١.[١] والدول العشر التي تتصدر أسواقها التجارة الإلكترونية حول العالم حاليا هي الصين، تليها الولايات المتحدة، ثم المملكة المتحدة والتي تليها اليابان ثم ألمانيا وبعدها فرنسا ثم كوريا الجنوبية و بعدها كندا ثم روسيا وأخيرا البرازيل.[٢]

ومن الواضح أنه ليس من بين الدول العشر الكبرى السابق ذكرها في هذا القطاع الجديد أي من الدول العربية. فبالرغم من انتشار الإنترنت المتنامي والسريع في العديد من الدول العربية خصوصا في دول مجلس التعاون الخليجي والذي وصل معدل اختراقه إلى أكثر من ٩٠٪ في قطر والبحرين والإمارات، وفي الإقليم ككل معدل اختراق الإنترنت وصل فيه إلى نسبة ٦٠٪، والتي تفوق المعدل العالمي الذي نسبته ما يقرب من ٥٢٪، فإن حصة التجارة الإلكترونية في الشرق الأوسط ٢٪ فقط من الحجم الإجمالي لتجارة التجزئة. وهذه النسبة تعد ضئيلة مقارنة بنسبة ١٥٪ في الأسواق المتطورة.[٣]

وبالرغم من تدنّي نسبة التجارة الإلكترونية في الشرق الأوسط، فإن هناك إشارات إيجابية متمثلة في نمو متزايد لهذا النوع من التجارة. فتشير الإحصائيات إلى أنه في عام ٢٠١٦ قد وصلت الأرباح من التجارة الإلكترونية إلى ٢٢ ونصف مليار دولار أمريكي، أي ما يزيد عن ٢٤٪ زيادة من ١٨ مليار دولار أمريكي في عام ٢٠١٥.[٤] ومن المتوقع أن تتضاعف قيمة التجارة الإلكترونية إلى حوالي ٤٩ مليار دولار أمريكي بحلول عام ٢٠٢١.[٥]

تاريخيا، ظهرت أول شركة تجارية للتجزئة على الإنترنت في العالم العربي في دبي بدولة الإمارات العربية عام ٢٠٠٠ اسمها "سوق دوت كوم." قد وصل مؤخرا عدد زبائن هذه الشركة عبر كل دول مجلس

التعاون الخليجي ما يزيد على ٥٠ مليون زبون/ة. وبسبب نجاح الشركة في اجتذاب زبائن حازت عليها شركة أمازون عام ٢٠١٧ وبذلك فتحت هذه الشركة العالمية الباب واسعا لها في هذه المنطقة والذي قد تستخدمه كمنصة للتوسع خارج منطقة الخليج لتشمل دولا شرق أوسطية أخرى.[٦] ومن بين التطورات الحديثة في مجال التجارة الإلكترونية أنه في عام ٢٠١٧ أسس الملياردير الإماراتي محمد العبار شركة "نون دوت كوم" كمنصة للتسوق في دولة الإمارات العربية والمملكة العربية السعودية كمنافس لشركة أمازون حسب تقرير نشرته شركة ديلويت. ولدعم مكانة الشركة فقد اشترى حصة في شركة آرامكس للخدمات اللوجستية.[٧]

وحسب تقرير نُشر عام ٢٠١٦ عن "رصيف ٢٢" للكاتبة ماريا قسّام، فإن أغلبية المتسوقين الإلكترونيين في العالم العربي من جيل الشباب من الفئة العمرية بين ٢٦-٣٥ عاما. كما تذكر الكاتبة أن مواقع الاتصال الاجتماعي مثل "فيسبوك" في مصر والإمارات تلعب دورا هاما في التسوق الإلكتروني بينما يلعبان "تويتر" و"انستاغرام" أكبر دور في السعودية.[٨] ومن بين أشهر الأسواق الإلكترونية إلى جانب "سوق دوت كوم" و"نون دوت كوم،" يشير التقرير إلى مواقع أخرى مشهورة مثل "ميستيل" (Mistile) و"نمشي" (Namshi) اللذين أُسسا عام ٢٠١١. هذا بالإضافة لأسواق إلكترونية عالمية لبيوت أزياء وماركات فاخرة أكثرها الأن يقدم خدمات شحن وتوصيل مجانا أحيانا لبعض الدول العربية. وبالإضافة إلى ذلك، بادر عدد من الشركات العالمية بابتكار طرق للدفع موثوق بها حتى تكسب ثقة المستهلك العربي الذي يخشى وجود المتاجر الوهمية والاحتيال الإلكتروني في ظل غياب الحماية والتأمين في الشراء عبر الإنترنت. فمثلا شركة فيزا قدّمت خدمة "تشيك أوت" أحدث حل مبتكر يتطلب من المستهلكين تسجيل تفاصيل الشحن والدفع بالبطاقة لمرّة واحدة فقط. أما بالنسبة للمتسوقين لدى متاجر إلكترونية فإن خدمة تشيك أوت من فيزا تتيح لهم أن ينجزوا عملية التسويق بنسبة أعلى من ٥١٪ مقارنة بالمتسوقين التقليديين عبر الإنترنت. وحتى ٣١ ديسمبر ٢٠١٥ فاق عدد المنتسبين إلى خدمة "تشيك أوت" من فيزا عشرة ملايين شخص، علما بأنها مُتاحة في ١٦ بلدا حول العالم ومن ضمنها الإمارات.[٩]

وتشير أخر الإحصائيات إلى أن الإلكترونيات والأزياء والملابس والسفريات في طليعة المبيعات في التجارة الإلكترونية في منطقة الشرق الأوسط. وتمتلك ١٥٪ من شركات الشرق الأوسط متاجر إلكترونية ولذا فهناك فرصة سانحة لازدياد المتاجر الإلكترونية في المستقبل.[١٠] واستنادا لنفس التقرير فإن ٣٣٪ من مستخدمي الإنترنت في مجلس التعاون الخليجي يستخدمونها في بحثهم عن منتجات وشرائها، مقارنة مع ١٤٪ في شمال أفريقيا و١٢٪ في المشرق العربي.

ولأنه يبدو أن للتجارة الإلكترونية مستقبل واعد، فقد بدأت الدول العربية في تضافر الجهود للتنسيق فيما بينها لتنشيط هذا القطاع الجديد في الاقتصاد. وفي هذا السياق ستنطلق أول قمة عربية من نوعها للتجارة الإلكترونية في منطقة الشرق الأوسط وشمال أفريقيا بمصر بناء على دعوة من الخبراء المتخصصين في هذا المجال. وفي هذه القمة سيبحث الحاضرون في الخبرات السابقة لتنشيط التجارة وتذليل العقبات والتحديات لها وتعزيز ثقة المستهلك في أصالة المنتجات المُباعة ووسائل الدفع ومنع الجريمة استرشادا بتجارب الدول المتقدمة في هذا القطاع. وتستهدف القمة أيضا تشجيع المشروعات الناشئة والمبتكرة استنادا للإحصائيات الدالة على أن "٣٥٪ من الشباب يسعون إلى إنشاء مشروعاتهم المستقلة."[١١] وبما أن التكاليف التشغيلية للتجارة الإلكترونية أقل بكثير من التجارة التقليدية، فهذا النوع من التجارة له مزايا تنافسية لمن لا يملك رأس المال ضخم ينوي في بدء متجر إلكتروني.

١. https://www.shopify.com/enterprise/global-ecommerce-statistics
تاريخ دخول الموقع ٢٧ ديسمبر ٢٠١٨.
٢. نفس المصدر.
٣. https://www2.deloitte.com/xe/en/pages/about-deloitte/articles/we-are-25/e-commerce.html.
تاريخ دخول الموقع ٢٧ ديسمبر ٢٠١٨.
٤. نفس المصدر.
٥. نفس المصدر.

٦. https://www2.deloitte.com/xe/en/pages/about-deloitte/articles/we-are-25/e-commerce.html.
تاريخ دخول الموقع ٢٨ ديسمبر ٢٠١٨.
٧. http://uae.argaam.com/article/articledetail/645177.
تاريخ دخول الموقع ٢٧ ديسمبر ٢٠١٨.
٨. https://raseef22.com/search?q=مواقع+التسوق+التي+يدمن+عليها+المستهلكون+العرب
تاريخ دخول الموقع ٢٧ ديسمبر ٢٠١٨.
٩. http://smeadvisorarabia.com/?s=أزمة+ثقة+A%التجارة+الالكترونية+في+العالم+العربي٪٣
تاريخ دخول الموقع ٢٩ ديسمبر ٢٠١٨.
١٠. https://www.wamda.com/ar/2012/10/أبرز-إحصاء-حول-التجارة-الإلكترونية-في-الشرق-الأوسط
تاريخ دخول الموقع ٨ أكتوبر ٢٠١٨.
١١. https://www.youm7.com/story/2018/9/6/انطلاق-القمة-الأولى-للتجارة-الإلكترونية-فى-الشرق-الأوسط-بمصر/3939421
تاريخ دخول الموقع ٢٨ ديسمبر ٢٠١٨.

## بعد القراءة

### تمرين ٤: أسئلة للاستيعاب والفهم

١. ما هي العوامل التي ساعدت بعض الدول على بدء التجارة الإلكترونية بها قبل غيرها؟
٢. كيف ساعدت الحكومات على تنشيط التجارة الإلكترونية بها؟
٣. ما هي بعض أهداف شركة أمازون المستقبلية في حيازتها على شركة "سوق دوت كوم"؟
٤. قارن/ي بين استخدامات وسائل الاتصال الاجتماعي في مصر والسعودية.
٥. ما هي الاستراتيجيات التي استخدمتها شركة فيزا لكسب ثقة الزبون العربي الإلكتروني؟
٦. كيف يختلف الزبائن الإلكترونيون في الخليج عن نظرائهم العرب في شمال أفريقيا؟

### تمرين ٥: بحث في الإنترنت

ابحث/ي عن قطاعات اقتصادية ومنتجات قد تكون لمصر فيها مزايا تنافسية للتصدير عبر التجارة الإلكترونية. قدّم/ي تقريرا من صفحتين يشمل بيانات وأدلة تؤيد اختيارك للقطاعات والمنتجات المصرية. ناقش/ي مع الزملاء التقرير في الصف.

## القراءة ٢

### المصطلحات الهامة

الإقبال على: اهتمام بـ
مثال: أقبل هشام على دراسة الطب فأكملها في فترة قصيرة وأصبح طبيبا ناجحا.

مصاريف التشغيل: تكاليف المتعلقة بالإنتاج والتشغيل (مثل الكهرباء، الإيجار)
مثال: حاولت الشركة تخفيض مصاريف تشغيلها لتحقيق أرباحا أكبر.

تتيح لـ: تسمح لـ، توفّر لـ
مثال: أتاحت الأم الفرصة لِبنتها أن تدرس في الخارج حتى تزداد فرصتها للحصول على وظيفة بعد التخرج.
انتقاء: اختيار
مثال: انتقى الشاب الملابس المناسبة للمقابلة الشخصية للوظيفة المُرشح لها.

**تمرين ٦: نظرة سريعة على النص**

القراءة السريعة: ابحثوا في النص عن المعلومات التالية.

١. مكان وتاريخ بداية التجارة الإلكترونية
٢. فتش/ي عما يلي:
أ. ميزة التجارة الإلكترونية للتجار
ب. ميزتها للمستهلك
ج. ميزتها للشباب في عمر ٢٠-٣٠ سنة

النص

## نشأة وانتشار التجارة الإلكترونية

يُعتبر استخدام أحد سكان فيلادلفيا فِل براندنبرغر الكمبيوتر وبطاقة ائتمان في عام ١٩٩٤ لشراء ألبوم أغاني للمغني البريطاني ستنغ هو النواة الأولى للتجارة الإلكترونية، والتي تحت ستار اصطلاحها يتم عرض وترويج وبيع وشراء ونشر العديد من الأشياء كالسلع والمنتجات والعقارات والخدمات وحتى الآراء والنصائح وغيرها.[١] ومنذ ذلك الحين وبتقدم التكنولوجيا وانتشارها حول العالم ازداد الإقبال على هذا النوع من التجارة والتي تتميز بصفات تفوق التجارة التقليدية بما تحتويه هذه العبارة من معنى. ففيما يلي سنستعرض بعض هذه المميزات:

بالنسبة للتُّجار، هذا النوع من التجارة يسمح لمن له/لها رأسمال محدود أن يدخل/تدخل فيها بدون صعوبات أو عقبات لأن المتجر الإلكتروني بطبيعته افتراضي، أي أنه ليس مكان حقيقي يكلف مبالغ هائلة لتشغيله مقارنة بالمتجر الذي له وجود فعلي يتطلب مصاريف تشغيل مثل إستئجار صالات عرض المنتجات، وإضاءة، وتعيين عدد من المتخصصين في التسويق وخدمة الزبائن. المتجر الإلكتروني والسوق الإلكتروني بصفة عامة أيضا ليس مقيد بموقعه الجغرافي. فقد يتوافد إليه زبائن من حول العالم. إضافة لذلك فالموقع على الإنترنت مفتوح ليل نهار وليس مقيد بمنطقة زمنية محددة ولذلك يتيح فرصة أكبر لصاحب/ة المتجر من عرض بضائعه/ها للبيع على مدار ٢٤ ساعة يوميا، بينما هو/هي ينعم/تنعم بالراحة وخصوصا إذا كانت صفقات البيع تتم كليا على الإنترنت وبدون تدخُّل من أي شخص. وكل هذه المميزات بطبيعة الحال تتيح لأصحاب المتاجر الإلكترونية تقديم أسعار مخفضة لقلة تكاليف التشغيل مقارنة بالمتاجر الحقيقية الغالية التكاليف.

ومن ناحية التسويق الإلكتروني، بائعو السلع على الإنترنت يستطيعون أيضا إحصاء عدد زوار الموقع ونسبة إقبالهم على السلعة المعروضة. وبذلك يمكنهم تحديد سعر السلع بناء على معلومات دقيقة والحصول على أكبر نسب من الأرباح. وبسبب هذه المزايا، أصبح الأن من الممكن لأي شخص أن يتاجر ولو لم يتوفر له/لها رأسمال كما ذكر سابقا، فمثلا عن طريق مواقع مزادات مثل إيباي أو أمازون يستطيع أي شخص بحوزته سلعة ما أن يبيعها عبر هذا الموقع وبدون الحاجة لامتلاك موقع.

أما بالنسبة للمستهلكين، فالتجارة الإلكترونية توفر لهم فرص خيار واسعة للبحث عن السلع المتنوعة والمتعددة ومعاينتها على مدار اليوم ومقارنة تلك السلع والبضائع بعضها ببعض من حيث الجودة والأسعار بدون قيود جغرافية أو زمنية، وانتقاء أفضلها دون الحاجة للسفر أو الجهد، حيث يكون باستطاعتهم أن يتسوقوا ويشتروا حيثما كانوا. كما ويستفيد المستهلكون أيضا من السعر المخفَّض الذي غالبا ما تقدمه المتاجر الإلكترونية لاجتذاب الزبائن بسبب المنافسة الشرسة بينها. وبانتشار وسائل الدفع وشحن البضائع المتعددة، سهّلت على المستهلكين إكمال صفقات الشراء عبر الإنترنت أكثر فأكثر وبدون جهد.

فضلا عما سبق، فالتجارة الإلكترونية لها جانب اجتماعي إيجابي في العالم العربي خصوصا. فالبيع والتسوق والشراء الإلكتروني قد ساعد على توفير فرص عمل لفئات اجتماعية قد تواجه تحديات وقيود على عمالتها وحركتها. من بين تلك الفئات النساء، والمتقاعدون، وذوو الاحتياجات الخاصة الذين يستطيعون بسبب هذا النوع من التجارة أن يظلوا في بيوتهم أثناء العمل.[٢]

وبالنسبة للشباب فقد فتحت لهم فرصا أكبر للابتكار والعمل وكسب العيش ولذلك تساهم التجارة الإلكترونية في خفض البطالة وزيادة الوظائف المتاحة لهم، خصوصا بين الشباب من الفئات العمرية ٢٠-٣٠ سنة.

بسبب مجمل هذه العوامل الإيجابية، فإن العديد من الخبراء والمتخصصين في مجال التجارة والأسواق الإلكترونية يرون أن للعالم العربي مستقبلا واعدا فيها على الرغم من بعض التحديات التي تواجهها الدول العربية في هذا النطاق في الوقت الحاضر.

١. https://ecommerceguide.com/guides/what-is-ecommerce/
تاريخ دخول الموقع ٢٠ أكتوبر ٢٠١٨.

٢. https://www.vapulus.com/التجارة-الالكترونية-فى-الشرق-الأوسط
تاريخ دخول الموقع ٢٠ أكتوبر ٢٠١٨.

## تمرين ٧: المصطلحات الهامة في السياق النصي

**اقرأوا الفقرة التي جاء منها كل تعبير أو مصطلح تحته خط، ثم اختاروا التعبير المساوي له في المعنى.**

١. الفقرة الأولى: "يعتبر استخدام أحد سكان فيلادفيا فِل براندنبرغر الكمبيوتر وبطاقة ائتمان في عام ١٩٩٤ لشراء ألبوم أغاني للمغني البريطاني ستنغ هو النواة الأولى للتجارة الإلكترونية"
   أ. القرار الأول
   ب. البداية للنمو
   ج. الهدف الرئيسي

٢. الفقرة الأولى: "والتي تحت ستار اصطلاحها يتم عرض وترويج وبيع وشراء ونشر العديد من الأشياء كالسلع والمنتجات والعقارات والخدمات وحتى الآراء والنصائح وغيرها"
   أ. يشمل معناها
   ب. بتعاملاتها السرية
   ج. ضمن نموها

٣. الفقرة الثانية: "إضافة لذلك، فالموقع على الإنترنت مفتوح ليل نهار وليس مقيد بمنطقة زمنية محددة ولذلك يتيح فرصة أكبر لصاحب/ة المتجر من عرض بضائعه/ها للبيع على مدار ٢٤ ساعة يوميا، بينما هو/هي ينعم/تنعم بالراحة"
   أ. توافق على الذهاب
   ب. تتمتّع بالكامل
   د. تقول نعم ببطء

٤. الفقرة الأخيرة: "بسبب مجمل هذه العوامل الإيجابية، فإن العديد من الخبراء والمتخصصين في مجال التجارة والأسواق الإلكترونية يرون أن للعالم العربي <u>مستقبل واعد فيها</u>"

   أ.   مستقبل مُهدد

   ب.  مستقبل مُقلق

   ج.  مستقبل مُشجع

## بعد القراءة

### تمرين ٨: المفاهيم الرئيسية

بعد قراءة كل النص، ارجعوا لكل فقرة واقرأوها مرة ثانية ثم اكتبوا الفكرة الرئيسية لكل فقرة.

١. الفكرة الرئيسية في الفقرة الأولى

_____

٢. الفكرة الرئيسية في الفقرة الثانية

_____

٣. الفكرة الرئيسية في الفقرة الثالثة

_____

٤. الفكرة الرئيسية في الفقرة الرابعة

_____

٥. الفكرة الرئيسية في الفقرة الخامسة

_____

٦. الفكرة الرئيسية في الفقرة الأخيرة

_____

### تمرين ٩: أسئلة للاستيعاب والفهم

أجب/أجيبي على هذه الأسئلة ثم قارن/ي إجاباتك مع زميل/ة في الصف خلال المناقشة.

١. بم تتميز التجارة الإلكترونية عن التجارة التقليدية/العادية؟

٢. ما العوامل التي ساعدت على نشأة التجارة الإلكترونية؟

٣. ما هي مزايا التجارة الإلكترونية للتجار/للتاجرات؟

٤. ما هي المزايا التي تقدمها التجارة الإلكترونية للمشتري/ة؟

٥. كيف تسهّل التجارة الإلكترونية للبائع/ة عمله/عملها؟

٦. ما هي إيجابيات التجارة الإلكترونية بالنسبة للشباب؟

### تمرين ١٠: أسئلة استنتاجية

ناقشوا مع الزملاء في الصف الأسئلة التالية وحاولوا الاستعانة بأمثلة أو أدلة تؤيد رأيكم.

١. ما هو غرض الكاتب من تأليف هذه المقالة؟

٢. ما هو موقف الكاتب من موضوع التجارة الإلكترونية؟

٣. ما هو تأثير التجارة الإلكترونية على شركة لها موقع للبيع على الإنترنت وأيضا محلات في مجمعات تجارية (مثل المولات)؟
٤. ماذا تظن/ين سيكون تأثير التجارة الإلكترونية على اقتصاد الدول العربية التي ينتشر بها هذا النوع من التجارة؟
٥. ماذا سيكون تأثير التجارة الإلكترونية على الاقتصاد العالمي؟

## الاستماع

لقاء مع الأستاذ رائد محمد داوود خبير في التسويق والتقنية ومعلومات الاتصال الالكتروني بمسقط، عمان

### تمرين ١١: أسئلة تمهيدية للاستماع

١. ما هي الأشياء التي تشتريها/تشترينها على الإنترنت عادة؟
٢. لماذا تفضل/ين شراء تلك الأشياء على الإنترنت على شرائها مباشرة من المحلات؟
٣. هل تدفع/ين ضرائب على المنتجات أو الخدمات التي تحصل/ين عليها من الإنترنت؟
٤. ماذا يقلقك عند شرائك سلع أو بضائع على الإنترنت؟
٥. ما هي بعض الجرائم التي يمكن حدوثها لمستخدمي الإنترنت؟
٦. قارن/ي الشراء والبيع عبر الإنترنت مع الشراء والبيع عن طريق المحلات من حيث النواحي المذكورة في الجدول ادناه:

| الناحية | الشراء/البيع الإلكتروني | الشراء/البيع العادي عن طريق المحلات |
|---|---|---|
| اختيار المنتج حسب الرغبة | | |
| التأكد من جودة المنتج | | |
| الحصول على أحسن سعر للمنتج | | |
| سهولة الدفع للمنتج | | |

### المصطلحات الهامة

المناطق المأهولة بالسكان: الأحياء/المناطق السكنية
مدى تقبل الناس: مستوى اهتمام المستهلكين
تمرُّس الناس: اعتياد الناس على استخدام أو ممارسة شيء
الفئة العمرية: جميع الناس في سن/عُمر معيّن
تحفظات: احتراز، قبول مُقيّد
سُبل الدفع: طرق تسديد/دفع السعر أو الثمن لمنتج أو سلعة

المسألة ذو حدين: الموضوع له طرفان متناقضان

بطاقات الائتمان: بطاقات مثل أمريكان إكسبريس، ماستر كارد تُستخدم في الشراء بدلا من الأوراق النقدية

لوائح وتشريعات: قوانين ونُظم في الدولة

قوانين الدفع الإلكتروني: شرائع تحكم عملية الدفع لمنتج/خدمة عبر الإنترنت

ثغرات واضحة: فجوات ملحوظة

شحن: نقل البضائع/السلع عن طريق شركات مثل فيديكس، يو بي إس، دي إتش إل

## تمرين ١٢: الأفكار الرئيسية والتفاصيل

أثناء مشاهدة الفيديو دوّنوا أولا الأفكار الرئيسية أو العوامل المهمة، بعد ذلك شاهدوا الفيديو مرة ثانية لتدوين التفاصيل.

١. التحديات الحالية لاستخدام الإنترنت في التجارة الإلكترونية

    أ. التحدي الأول:

    التفاصيل: _____

    ب. التحدي الثاني:

    التفاصيل: _____

    ج. التحدي الثالث: _____

    التفاصيل:

٢. المتاجر الإلكترونية في الدول العربية والعوائق لها:

_____

٣. نسبة المحتوى العربي على الإنترنت وعلاقته بالتجارة الإلكترونية:

_____

٤. الخدمات المُسهلة للتجارة الإلكترونية:

_____

٥. الطرق المقترحة لحماية المُستهلك/المشتري على الإنترنت:

_____

٦. دور الحكومة في تشجيع التجارة الإلكترونية:

_____

٧. فوائد ومضار التجارة الإلكترونية للمستهلك وللمجتمع:

_____

٨. تأثير التحول للتجارة الإلكترونية على المحلات العادية:

_____

## تمرين ١٣: أسئلة للاستيعاب والفهم

اكتب/ي الإجابة على الأسئلة التالية ثم ناقش/ي إجابتك مع زميل/ة في الصف.

١. متى وصلت خدمات الإنترنت لمنطقة الخليج لأول مرة؟

٢. ما مدى تقبّل استخدام الإنترنت في المجتمعات الخليجية؟

٣. ما الأسباب لقلة انتشار الدفع الإلكتروني في المجتمع العربي؟

٤. لماذا حصة التجارة الإلكترونية في المنطقة العربية متدنية (أقل من ٢٪) عالميا؟

٥. ما الفرق في عملية التسوق الإلكتروني في مواقع إلكترونية أمريكية وعربية حسب الخبير في الفيديو؟

٦. كيف يمكن حماية المستهلك/ة وزيادة وعيه/وعيها في التسوّق إلكترونيا حسب الخبير في الفيديو؟

٧. لماذا يذكر الخبير أن المتاجرة الإلكترونية "ثورة"؟

٨. ما موقف الخبير من التجارة الإلكترونية وتأثيرها على المستهلك/ة والمجتمع؟

٩. ماذا سيكون دور المحلات العادية في السوق في عصر التجارة الإلكترونية كما يراه الخبير؟

## تمرين ١٤: الاستماع والفهم

ابحثوا في الإنترنت عن فيديوهات ومقالات تتناول آراء العرب نحو التجارة الإلكترونية وخصوصا:

١. مزايا وعيوب الشراء والبيع عبر الإنترنت

٢. مخاوف الزبائن من هذا النوع من التجارة

٣. أنواع السلع والخدمات التي يبحثون عنها في الإنترنت

٤. تجربتهم في التسوق عبر الإنترنت

٥. وسائل الدفع التي استخدموها في الشراء

٦. طرق الشحن والتوصيل للسلع والبضائع المُباعة والمشتراة

٧. موقف أصحاب مواقع التجارة الإلكترونية

## المصطلحات ذات علاقة بالبحث

هذه المصطلحات قد تساعدك في بحثك لتمرين ١٤.

مخزن (ج. مخازن) سلع: مكان لحفظ البضائع حتى وقت بيعها

الاحتيال: تلاعُب، نَصب، خداع

تُعيقُ: تمنع حدوث أو إتمام/إكمال شيء

المُزوّد المَحلّي: مورّد، الشخص الذي يمد المستهلك بالبضائع والمنتجات أو الخدمات

بلد المنشأ: الدولة التي صُنعت فيها المنتوجات أو التي صدّرت المنتجات

بدل فاقد: بديل لوثيقة أو منتج ضائع

شركات الائتمان: شركات تصدر بطاقات تستخدم كبديل للنقود (مثل شركة ماستركارد، أمريكان إكسبريس وغيرها)

وتيرة أسرع: طريقة دائمة أكثر سرعة

تستحوذ على: تمتلك

تعزيز: تقوية

أيسر: أسهل

القرصنة: عمل نسخة غير رسمية من منتج (مثل الملابس أو أقراص مبرمجة) وبيعها بطريقة غير قانونية كأنها أصيلة

## تمرين ١٥: نشاطات على الفيديو

شاهدوا واستمعوا إلى الفيديوهات المُختارة واملأوا المعلومات الناقصة في الجدول التالي.

| المقياس | المقدار/النسبة المئوية |
|---|---|
| حجم التجارة الإلكترونية عالميا | |
| حجم التجارة الإلكترونية في العالم العربي | |
| حجم التجارة الإلكترونية في مناطق عربية (الخليج، شمال أفريقيا، بلاد الشام) | |
| نسبة عدم الثقة في وسائل الدفع في التجارة الإلكترونية عند العرب | |
| نسبة شركات الشرق الأوسط التي لها مواقع إلكترونية في الإنترنت | |

## تمرين ١٦: التجارة الإلكترونية في المنطقة العربية

الجزء الأول: دونوا المعلومات في الفراغات التالية أثناء مشاهدتكم لكل جزء من الفيديو المختار.

١. وصف حالة التجارة الإلكترونية حاليا في العالم العربي:

______________________________

______________________________

٢. عادات التسوق الموجودة عند الجمهور حسب المسؤولين الحكوميين:

______________________________

______________________________

٣. المجالات التي تتم فيها التجارة الإلكترونية بصورة أكبر:

______________________________

______________________________

٤. جهود الحكومة لتنشيط الاستخدامات التجارية وتقديم الخدمات الإلكترونية عبر الإنترنت:

______________________________

______________________________

٥. الفوائد التي تحصل عليها الحكومة من تشجيع التجارة الإلكترونية:

______________________________

______________________________

٦. اجراءات تسهيل تأسيس الشركات التجارية الإلكترونية:

______________________________

______________________________

٧. خطة الحكومة في العالم التالي للشركات الصغيرة والمتوسطة:

---

---

الجزء الثاني: شركات الائتمان

٨. نسبة نمو التجارة الإلكترونية في العالم العربي:

---

---

٩. المناطق الأكثر استخداما وقبولا للبطاقات الائتمانية في العالم العربي:

---

---

١٠. طرق تأمين استخدام البطاقات الائتمانية في الشرق الأوسط:

---

---

الجزء الثالث: املأوا الجدول التالي بمعلومات تحصلون عليها من خلال ما سمعتموه من آراء من الأفراد، حسب ترتيب ظهورهم في كل فيديو، الذين أبدوا رأيهم في الشراء عبر الإنترنت في العالم العربي. حاولوا أيضا التعرف على البلد العربي الذي فيه هذا الشخص من خلال ما قاله أو من اللهجة في الحديث. يمكنكم الاستعانة بورقة/ صفحة إضافية إذا احتجتم لمساحة أكبر لتدوين المعلومات المطلوبة من الفيديوهات. كاقتراح، شاهدوا الفيديو من خلال الرابط التالي أو ابحثوا عن فيديو مماثل له: https://www.youtube.com/watch?v=1ljvKR5kUGg.

| الشخص حسب ترتيب ظهوره في الفيديو | موقفه | السبب لهذا الموقف |
|---|---|---|
| الشخص الأول | | |
| الشخص الثاني | | |
| الشخص الثالث | | |
| الشخص الرابع | | |
| الشخص الخامس | | |
| الشخص السادس | | |
| الشخص السابع | | |

| الشخص حسب ترتيب ظهوره في الفيديو | موقفه | السبب لهذا الموقف |
|---|---|---|
| الشخص الثامن | | |
| الشخص التاسع | | |
| الشخص العاشر | | |

الجزء الرابع: موقف مؤسس موقع تجارة إلكتروني عن التحديات

١١. أكبر تحديات لشركات التجارة الإلكترونية في منطقة الخليج:

______________________________

______________________________

١٢. الوضع الحالي لخدمات توصيل البضاعة المُباعة إلكترونيا:

______________________________

______________________________

**تمرين ١٧: نشاط بعد مشاهدة الفيديو**

في الجدول التالي دوّن/ي التشابهات والاختلافات التي اكتشفتموها من الفيديوهات عن التجارة الإلكترونية في العالم العربي وبلدك حسب المعايير المذكورة في الجدول.

| المعيار | العالم العربي | بلدك |
|---|---|---|
| عادات التسوّق | | |
| المجالات التي فيها أكبر نسبة للتجارة الإلكترونية | | |
| تشجيع الحكومة لإنشاء شركات تجارة إلكترونية | | |
| استخدام البطاقات الائتمانية في الشراء | | |
| خدمات توصيل البضاعة/السلع المُباعة على الإنترنت | | |

# دراسة حالة

## تمهيد للدراسة

### سوق الأزياء الإسلامية

التجارة الإلكترونية تزداد سنويا في العالم العربي أكثر من أي إقليم في العالم بالرغم من تحديات متعددة تواجهها. فتشير إحصاءات شركة بيفورت Payfort التي تعمل في ست أسواق هامة بالمنطقة العربية مثل الكويت والمملكة العربية السعودية والإمارات العربية المتحدة ومصر ولبنان والأردن في تقريرها لعام ٢٠١٤ أن التجارة الإلكترونية في منطقة الشرق الأوسط وشمال أفريقيا تتوسع بنسبة ٤٥٪ وهي نسبة تفوق كل مناطق ودول العالم. ويشير تقرير بيفورت في عام ٢٠١٥ إلى أن حجم التجارة في عدة منتجات تُباع على الإنترنت مثل الأجهزة الإلكترونية وموضة الأزياء والأجهزة المنزلية التي قيمتها في عام ٢٠١٤ كان ٧ مليار دولار أمريكي ستتضاعف إلى أكثر من ١٤مليار دولار في عام ٢٠٢٠.

المضاربة في الأسعار والخدمات مهم جدا في هذا المجال الذي يتنافس فيه العديد من المورّدين الذين يرغبون في الحصول على حصة سوقية أكبر. ويساعد على نمو التجارة الإلكترونية في المنطقة العربية الانتشار الواسع في تليفونات الموبيل والتي فاقت المبيعات عن طريقها كل الأجهزة الأخرى لدرجة أنه في نهاية عام ٢٠١٥ في مجال موضة الأزياء استخدام تليفون الموبيل في المعاملات الإلكترونية لَحِقَ بالويب.

وتعد منطقة مجلس التعاون الخليجي إحدى أكبر الأسواق إلا أن بيفورت في تقريرها وجدت أن المملكة السعودية ومصر—أكثر الدول العربية سكانا—تليهما الإمارات العربية المتحدة تمثل هذه الدول الثلاث سوقا تنمو باضطراد ويُتوقع أن تلعب هذه الدول دورا هاما في تغيير مستقبل التجارة الإلكترونية. ويجدر بالذكر الدور الذي تلعبه شبكات الاتصال الاجتماعي في تسهيل التجارة الإلكترونية حسب هذا التقرير الذي يفيد بأنه بينما يسيطر فيسبوك على مصر والإمارات العربية المتحدة يسيطر إنستاغرام وتويتر على المملكة العربية السعودية، هذا إلى جانب شبكة الممتهنين لينكد إن التي تُستخدم بأوسع صورة في لبنان.

وحسب نفس التقرير فإن الفئات ذات الأعمار ٢٦-٣٥ هي أكبر فئة تشتري البضائع على الإنترنت ومن هذه الفئة الرجال يقومون بالشراء بنسبة ٧١ في المائة مقابل تقريبا ٢٩ في المائة من الإناث وقد تعود نسبة الرجال المرتفعة في التسّوق على الويب إلى عادات ثقافية تفضل إخفاء معلومات عن الإناث في الساحة العامة. إلا أنه يجب الإشارة إلى تحديات أخرى جمّة تقف عائقا أمام التجارة الإلكترونية من بينها عدم الاستقرار في بعض دول المنطقة وعدم الانتشار الموسّع في استخدام وقبول بطاقات الائتمان لعوامل ثقافية مثل تفضيل معظم العرب الدفع النقدي (كاش-أون-دليفري) على الدفع باستخدام بطاقات الإئتمان وما يشابهها. فمثلا في مصر وجد تقرير بيفورت أن ٧٢ في المائة من المستهلكين المصريين يفضلون طريقة الدفع هذه على الطرق الأخرى. وتلي تلك الطريقة الدفع النقدي على أقساط متساوية في المرتبة الثانية حيث يفضلها ٥٢ في المائة من وكلاء شركات السفر الذين يعتبرونها جزءا مكملا لأعمالهم التجارية وعلى هذا فإن إصدارات بطاقات الائتمان

بدأت فعلا في الازدياد مؤخرا حيث ذكر تقرير بيفورت لعام ٢٠١٤ أنها تزداد سنويا بنسبة ٤٠ بالمائة. ومن التحديات الأخرى لهذا النوع من التجارة التحقق من جودة المنتجات المُباعة على الإنترنت وانتشار عدم الثقة عند الزبون العربي في هذه الطريقة في الشراء لمخاوف من قيمة الجمارك لبضائع مستوردة وصعوبات لوجستية في توصيل البضاعة لعدم توفر شركات شحن موثوق بها وأيضا ثقافة شراء البضائع على الإنترنت مازالت غير شائعة في عامة المجتمع حيث تقتصر عادة على سكان العاصمة. إضافة لذلك، التخوّف من التحايل والنصب والتزييف.

ولكن بالمقابل الشباب العرب يتهافتون على شراء الجديد من البضائع بأسعار أرخص من المحلات العادية وسهولة التسوّق المفتوح ليل نهار في الإنترنت والعثور على ما يرغبون فيه من سلع أينما كانت بدون دفع ضرائب محلية أو حتى ترك البيت. ولذلك ظهرت عدة مواقع أسواق عربية تسّهل على المتسوق الشراء الإلكتروني منها شركات نمشي، وادي، ماركة في أي بي، جوميا، فوجاكلوزيت وسيفي دوت كوم.

وقد التفتت بعض بيوت الأزياء العالمية لقوة السوق المتنامية في العالم العربي والإسلامي وخصوصا في الأزياء المحتشمة مثل العبايات والحجاب حتى أن أصحاب العلامة التجارية الإيطالية دولتشي وغبانا أطلقت أول عرض لأزياء ذات طابع إسلامي في عام ٢٠١٦ تبعه عرضا للأزياء في ربيع العام الثاني والذي بدت فيه عباءات مطرّزة بـ "طبعات الأزهار أو الطبعات الحيوانية" حسب تقرير في موقع مجلة "هبة" المغربية.

وحسب بي بي سي بالعربية، سبقت شركة دولتشي وغبانا مصممة الأزياء دونا كاران نيويورك مجموعة ملابس لشهر رمضان وتبعتها شركة إتش أند أم في نشر إعلانات لعارضة الأزياء البريطانية مارايا ادريسي التي ترتدي حجابا في إعلان تجاري في خريف ٢٠١٥.

والعلامات التجارية العالمية سوف تفي بما ينقص الكثير من مرتديات الملابس الإسلامية اللواتي يبحثن عن الأناقة والجاذبية العالمية والتي توفرها الماركات العالمية مثل دولتشي وغبانا ولذا يمكن بسهولة غزو الاسواق العربية والإسلامية بتوفير العبايات والحجاب والتي مازالت غير مستغلة. فوفقا للتقرير الاقتصادي العالمي للاقتصاد الإسلامي لسنة ٢٠١٥-٢٠١٦ المستهلكون المسلمون أنفقوا حوالي ٢٣٠ مليار دولار على الملابس ومن المتوقع أن يزيد هذا الرقم إلى ٣٢٧ مليار سنة ٢٠١٩،

شركة دولتشى وغبانا أسست عام ١٩٨٥ كإحدى الشركات العالمية في الأزياء والموضة للبضائع الفاخرة. ومؤسسا الشركة دومنيكو دولتشى وستفانو غبانا هما مصمما الأزياء الدائمان واللذان وراء تطوير استراتيجيات مبنية على النمو المتوازن على المستوى العالمي مع التركيز على أهمية الأزياء للتجارة. فمجموعة دولتشى وغبانا تبيع وتوزع الملابس ومنتجات الجلود والأحذية والإكسسوارات والجواهر والساعات ولها فروع تخضع مباشرة لإدارة المجموعة في مختلف أنحاء العالم سواء عن طريق محلاتهم الخاصة أو مواقع إلكترونية تبيع المنتجات عبر الإنترنت. في السنوات الأخيرة أدركت شركة دولتشى وغبانا أهمية تصميم ملابس مناسبة للمسلمات ولذلك في عام ٢٠١٦ ظهر أول عرض أزياء للموضة الإسلامية سُمي "مجموعة العبايات" تستهدف المسلمات في منطقة الشرق الأوسط كزبائن. فيما مضى قدمت الماركات الدولية دونا كاران نيويورك وأوسكار دي لا رنتا وتومي هيلفيغر ومانجو وغيرهم مجموعة أزياء تم بيعها في وقت شهر رمضان ولكن الإحصاءات تدل على أن المسلمين يرغبون في شراء البضائع الفاخرة على مدار السنة.

## التحدي

بسبب فهمك للغة والثقافة والمجتمع العربي عينتك شركة دولتشى وغبانا مستشارا/مستشارة لها لتقديم نصائح بما يجب أن تفعله في دخول الشركة لسوق الشرق الأوسط وبيع الملابس ذات الطابع الإسلامي خصوصا للنساء. من بين الاقتراحات المطروحة:

١.  الاستمرار في تصميم مجموعة أزياء تناسب أذواق النساء المسلمات وبذا تصبح الشركة هي الرائدة في هذا المجال أو السوق
٢.  فتح محلات للشركة تديرها مباشرة
٣.  إنشاء مواقع إلكترونية لبيع منتجات الشركة عبر الإنترنت
٤.  تصميم أزياء للمسلمات وفتح محلات مباشرة ومواقع للبيع في الإنترنت.

قبل اقتراح أي من هذه الخيارات عليك تقيّيم كل اقتراح (كتابيا وشفويا في الصف) واضعا/واضعة في الاعتبار ما يلي:

١.  القيم الثقافية عند العربيات المسلمات
٢.  التكلفة والعائد من اختيار الاقتراح
٣.  المخاطر التي يمكن أن تنتج عن هذا الاختيار وكيفية تخطّيها
٤.  الطريقة الأمثل لتحقيق الاختيار

## مصادر إضافية مقترحة للبحث

في حالة عدم التمكن من البحث باستخدام المواقع الإلكترونية المقترحة، اختر/اختاري بنفسك مصادر إلكترونية أخرى تتناول هذه المواضيع أو ما يشابهها.

١.  فوائد التجارة الإلكترونية
"التجارة الإلكترونية"
http://www.ictqatar.qa/ar/smetoolkit/getonline/ecommerce-online-payment-solutions

٢.  نظام التجارة الإلكترونية
"مفهوم مصطلح التجارة الإلكترونية"
http://www.mazoo.com/e-busnis.htm

٣.  مستقبل التجارة الإلكترونية

"التجارة الإكترونية .مستقبل واعد ينتظر التنظيم"

http://www.al-madina.com/node/652021

٤.  تحديات التجارة الإلكترونية

"التجارة الإلكترونية في المملكة: التحديات والمعوقات"

http://www.alriyadh.com/469957

٥.  تجارة الأزياء الإسلامية

"أزياء "إسلامية" موجة تساير صيحات الموضة النسائيةالعالمية"

http://www.hespress.com/tendances/96111.html

الوحدة السادسة

# القطاع السياحي في الاقتصاد العربي

٦

## أهداف الوحدة الدراسية

سنتعلم في هذه الوحدة عن:

• أنواع السياحة في العالم العربي
• المشاريع السياحية المختلفة والاستراتيجيات لتطوير هذا القطاع الاقتصادي
• دور التكنولوجيا في تنشيط السياحة في المنطقة العربية
• التحديات والعقبات التي تواجه السياحة العربية
• دراسة حالة: تقديم برنامج لتنشيط السياحة في بلد عربي

## استحضار معلومات

اكتب/ي الإجابة على الأسئلة التالية بناء على معلوماتك عن السياحة في العالم العربي ثم ناقش/ي إجاباتك مع الزملاء في الصف.

١. أي الدول العربية الأكثر اجتذابا للسياح؟
٢. ما هي المقاصد السياحية بتلك الدول؟
٣. إلى أي دولة سافرت في آخر رحلة سياحية؟
٤. ماذا كانت أسباب اختيارك لها؟ وما هو انطباعك عنها بعد الزيارة؟
٥. هل تعيش/ين في بلد سياحي؟ إذا كانت الإجابة "نعم" فلماذا يقصد السياح بلدك؟

## القراءة ١

### تمرين ٢: إلقاء نظرة عامة على النص

ألق/ي نظرة سريعة على عنوان النص والصور فيه، ثم أجب/أجيبي على الأسئلة التالية وناقش/ي الإجابات مع الزملاء في الصف.

١. ما معنى "صناعة السياحة"؟ لماذا يظن الكاتب أن السياحة "صناعة"؟
٢. ما الفرق بين الواقع والطموح؟
٣. في أي الدول العربية نجد الأماكن المصوّرة في النص؟ وماذا تعرف/ين عن هذه الأماكن؟

### تمرين ٣: الحقائق الناقصة

من خلال النظرة السريعة، ابحث/ي في النص عن الحقائق المطلوبة إدناه

١. عدد السائحين في العالم عام ٢٠٠٤ ________________
٢. قيمة الخسائر في السياحة العربية عام ٢٠١١ ________________
٣. النسبة المئوية للسياحة لتونس من حصّة السياحة الإجمالية في أفريقيا ________________
٤. مقدار الخسائر في السياحة المصرية شهريا ________________
٥. عدد السائحين الذين يسافرون إلى البحرين سنويا ________________

### تمرين ٤: البحث عن معلومات في النص

من خلال قراءة سريعة للمرة الثانية، ابحثوا عن المعلومات للإجابة على الأسئلة التالية.

١. ما هو عدد السياح المتوقع في عام ٢٠٢٠؟
٢. ماذا كان تأثير ثورات ما يُسمى بـ "الربيع العربي" على السياحة في الدول التي اندلعت فيها تلك الثورات؟
٣. ما هو مهرجان دُبي للتسوق وما تأثيره على السياحة بدولة الإمارات العربية المتحدة؟
٤. من أي منطقة في العالم يأتي معظم السياح إلى البحرين؟

**تمرين ٥: نشاط المفردات**

اقرأوا الجمل التالية ثم حاولوا تخمين معنى التعبيرات التي تحتها خط من خلال جذر ووزن الكلمة والسياق واستبدلوا تلك التعبيرات بمرادفات لها من عندكم.

١. "<u>شهدت</u> السنوات الأخيرة من القرن الماضي وحتى حاضرنا <u>ازدهارا ملحوظا</u> في تطور صناعة السياحة"
   التعبير المرادف لـ "شهدت": _____
   العبارة المرادفة لـ "ازدهارا ملحوظا": _____

٢. "كما يساعد قطاع السياحة على تطوير غيره من القطاعات، خاصة قطاعات <u>البنية التحتية</u> مثل النقل والاتصالات، والكهرباء والمياه، والخدمات المالية، والزراعة والصناعات التحويلية"
   العبارة المرادفة لـ "البنية التحتية": _____

٣. "تمتلك الدول العربية في الغالب <u>مُقوّمات سياحية</u> مهمة كالآثار والمواقع الدينية والسواحل المشمسة والمناطق الجبلية وغيرها"
   العبارة المرادفة لـ "مقومات سياحية": _____

٤. "وبناء على ما تقدّم فالنظرة التنموية <u>بأبعادها الاستراتيجية</u> والإدارية تتطلّب <u>إيلاء</u> صناعة السياحة العربية اهتمام الحكومات والقطاع الخاص"
   العبارة المرادفة لـ "أبعادها الاستراتيجية": _____
   التعبير المرادف لـ "إيلاء": _____

٥. "ولا يُخفى على أحد أن قطاع السياحة في الوطن العربي <u>عُرضة</u> للتأثر بالتطورات السياسية السائدة في المنطقة، <u>ولا سيّما</u> التطورات المرافقة للثورات العربية"
   التعبير المرادف لـ "عُرضة": _____
   التعبير المرادف لـ "لا سيّما": _____

٦. "ويحتاج تطوير قطاع السياحة <u>نظرة طويلة الأجل</u> تكون جزءا من عملية التنمية الاقتصادية"
   العبارة المرادفة لـ "نظرة طويلة الأجل": _____

٧. "واليوم تشهد صناعة السياحة في دول مجلس التعاون الخليجي <u>خُطى متسارعة</u> على <u>درب النمو</u> في هذا القطاع <u>الحيوي</u>"
   العبارة المرادفة لـ "خُطى متسارعة": _____
   العبارة المرادفة لـ "درب النمو": _____
   التعبير المرادف لـ "الحيوي": _____

النص

## صناعة السياحة في العالم العربي بين الواقع والطموح

شهدت السنوات الأخيرة من القرن الماضي وحتى حاضرنا ازدهاراً ملحوظاً في تطور صناعة السياحة على مستوى العالم، إذ بلغ عدد السياح حوالي ٧٠٠ مليون سائح عام ٢٠٠٤ والذي سيصل إلى ثلاثة أضعاف عام ٢٠٢٠. من جهة ثانية شهد العالم قيام مشاريع سياحية عملاقة تنوعت أشكالها بتنوع أنماط السياحة وطبيعة مواقعها، رافقها استثمارات هائلة في البنية التحتية والفوقية لتسهيل قيام صناعة سياحة متطورة ومستدامة. وهذا التوجه يؤكد قناعة الحكومات بأن السياحة مصدر دخل لا ينضب حيثما ازدهرت ونمت وتمتلك الدول العربية

في الغالب مقومات سياحية مهمة كالآثار والمواقع الدينية والسواحل المشمسة والمناطق الجبلية وغيرها، إلا أن توزيعها يشير إلى انفراد كل دولة بجانب من تلك المميزات، وهذا بحد ذاته يُعد ميزة تتيح للسياحة خيارات لأنواع مختلفة من الأنشطة السياحية.

وبناء على ما تقدم فإن النظرة التنموية بأبعادها الاستراتيجية والإدارية تتطلب إيلاء صناعة السياحة العربية اهتمام الحكومات والقطاع الخاص بما يجعلها قادرة على المنافسة والمساهمة في تحسين الدخل القومي وتوفير فرص عمل حقيقية، فضلاً عن دورها الحضاري في تأمين أرقى حالات التواصل والتفاعل بين ثقافات الشعوب.

ولقد تسارع تطوير قطاع السياحة في الوطن العربي خلال السنوات القليلة الماضية في إطار الجهود المبذولة لتنويع الاقتصاد، ويعد هذا القطاع مصدراً هاماً للعملات الأجنبية ولفرص العمل، وهو ما يؤكد بوضوح أثره العام على الاقتصاد. يساعد قطاع السياحة هنا على تطوير غيره من القطاعات، خاصة قطاعات البنية التحتية مثل النقل والاتصالات، والكهرباء والمياه، والخدمات المالية، والزراعة والصناعات التحويلية.

ولا يخفى على أحد أن قطاع السياحة في الوطن العربي عرضة للتأثر بالتطورات السياسية السائدة في المنطقة، ولا سيما التطورات المرافقة للثورات العربية، حيث سجلت الدول العربية خسائر بقيمة تزيد على ٢ مليار دولار خلال عام ٢٠١١ وذلك بسبب ما مرت به دول عربية من اضطرابات. وبلغ حجم خسائر تونس التي تملك نحو ١٥ في المائة من حصة السياحة في أفريقيا خلال الفترة الماضية بنحو ٤٥٠ مليون دولار، بمعدل خسائر شهرية بلغت ٣١ مليون دولار. في حين بلغ حجم الخسائر عن الفترة الماضية في مصر، والتي تملك نحو ٢٣ في المائة من حصة السياحة في الشرق الأوسط بنحو أكثر من مليار دولار، و٨٦ مليون دولار خسائر شهرية.

ويشكل ضعف البنية التحتية والخدمات الأساسية المتصلة بها عائقاً آخر أمام سرعة نمو السياحة في المنطقة. وفي الوقت ذاته، يعتبر ظهور أسواق سياحية جديدة في جميع أنحاء العالم، ولا سيما في جنوب آسيا وشرقها، مصدراً للمنافسة الحادة للأسواق السياحية في البلدان العربية. فقد تمكنت الاقتصادات الآسيوية من النجاح في توسيع أسواقها السياحية التي تعتبر حالياً أسرع الأسواق السياحية نمواً في العالم، كما ظهرت أسواق سياحية ذات قدرة كبيرة على المنافسة في الصين وماليزيا وسنغافورة وتايلاند وهونج كونغ. وتندرج الصين وماليزيا في عداد أكبر ٢٠ بلداً مُستقبِلاً للسيّاح.

والتنمية الناجحة للسياحة في أي بلد يجب أن تركز على المجالات التي يتمتع فيها هذا البلد بميزة نسبية، مثل السياحة الثقافية وسياحة الآثار، والسياحة الترفيهية، والسياحة الدينية، وسياحة المؤتمرات والتدريب، حتى يتمكن من التنافس في أسواق السياحة العالمية، وعلاوة على ذلك، يتطلب تطوير السياحة توفر الإرادة السياسية لتنمية القطاع وإخضاعه لتشريعات منفصلة تسعى إلى تحقيق أهداف السياحة في البلد وتطورها.

وتتنوع السياحة العربية حسب الدول. وتعد جمهورية مصر العربية والمغرب العربي وبلاد الشام صاحبة تميز في هذا القطاع، ومن أكثر الدول العربية اعتماداً على السياحة وتوجد بها أكثر الأماكن الأثرية والطبيعية للسياحة. واليوم تشهد صناعة السياحة في دول مجلس التعاون الخليجي خطى متسارعة على درب النمو في هذا القطاع الحيوي. ولعل دولة الإمارات العربية المتحدة تأتي في المقدمة من حيث الإنجازات السياحية حيث حققت حضوراً فاعلاً ومؤثراً على خريطة السياحة العالمية، بل تفوقت على كثير من الدول التي سبقتها في ولوج عالم السياحة بعشرات السنين.

وتتمتع دولة الإمارات ببنية سياحية متطورة، واستطاعت ابتكار وسائل جذب غير مسبوقة شجعت السياح على ارتيادها، وتبذل دولة الإمارات العربية المتحدة جهوداً كبيرة في تطوير مرافقها السياحية المختلفة لإشباع رغبات السياح، ومن ضمنها الشواطئ البهية في الشرق، والأكثر بهاء وعذرية في الشمال، والخدمات المتطورة في المجال الفندقي الراقي، والاتصال التقني السريع، والنقل المريح والمنتظم. وتقيم الإمارات مهرجانات سنوية تستقطب أعدادا هائلة من السياح، وفي مقدمتها مهرجان دبي للتسوق وهو أكبر وأشهر مهرجانات التسوق والترفيه في منطقة الشرق الأوسط الذي يضم مئات الأنشطة المختلفة، ومن أهم الإنجازات التي حققها منذ انطلاقه عام ١٩٩٥ استحضار العالم إلى دبي وأخذ دبي إلى العالم.

كما تعد السياحة في البحرين أهم مصادر الدخل في المملكة إلى جانب الصناعة، وتدعم الاقتصاد بقوة، حيث تجذب البحرين سنوياً أكثر من مليوني زائر. النسبة الأكبر من هؤلاء السياح هم من دول الخليج العربي، ويأتي في المرتبة الأولى السياح السعوديون، والكويتيون ثم العمانيون، فالإماراتيون فالقطريون، والسياح غير العرب يأتي معظمهم من بريطانيا والولايات المتحدة. والبحرين مليئة بالآثار والمتاحف والأماكن الأثرية، كما أن طبيعتها الجزيرية جعلت منها أرضا مليئة بالشواطىء. وتعد سياحة الآثار من أهم السياحات في البحرين، فالبحرين فيها العديد من المواقع التراثية والآثار القديمة.

## المصطلحات الهامة

حاضرنا: وقتنا الحالي

عملاقة: كبيرة ومهمة جدا

تنوّعت . . . بتنوّع . . . : اختلفت/تبدّلت . . . باختلاف/بتبديل . . .

هائلة: ضخمة وكبيرة

قناعة: رضا، قبول

لا ينضب: لا يجف، لا ينتهي

بحد ذاته: بنفسه

السائدة: المنتشرة

المرافقة: المصاحبة

اضطرابات: مشاكل

حصة: نصيب، مقدار معيّن

عائقا: مانعا، عقبة تمنع شيئا من الاستمرار

إخضاعه لتشريعات منفصلة: وضعه تحت قوانين خاصة به

تسعى إلى: تهدف إلى

تُعدّ: تُعتبر

ابتكار: اختراع شيء جديد

غير مسبوقة: لم يسبق لها وجود من قبل

ارتيادها: السفر والذهاب إليها

الشواطىء البهية: الشواطىء الجميلة/الرائعة

## بعد القراءة

### تمرين ٦: نشاط مفردات (أ)

اختر/اختاري خمسة تعبيرات من القائمة السابقة واكتب/ي التعبير المضاد (العكس) لها.

١. ____________________

٢. ____________________

٣. ____________________

٤. ____________________

٥. ____________________

### تمرين ٧: نشاط مفردات (ب)

بدون النظر في النص، أكملوا الفراغات فيما يلي بكلمات وتعبيرات تُكمل المعنى فيها مع عمل التغييرات اللازمة لكل تناسب السياق في النص. لا يجب استخدام أي تعبير أكثر من مرة واحدة فقط.

الإنتاج • يعد • تطور • ظهور • استثمار • ضعف • قناعة • قومي •
مقومات سياحية • الدخل • التعاون • الإرادة • تنويع • خسائر •
إنجازات • أبعاد • المرافقة • تمكنت • المقدمة • ابتكار • رغبات

شهدت السنوات الأخيرة من القرن الماضي وحتى حاضرنا ازدهاراً ملحوظاً في تطور صناعة السياحة على مستوى العالم، إذ بلغ عدد السياح حوالي ٧٠٠ مليون سائح عام ٢٠٠٤ والذي سيصل إلى ثلاثة أضعاف عام ٢٠٢٠. من جهة ثانية شهد العالم قيام مشاريع سياحية عملاقة تنوعت أشكالها بتنوع أنماط السياحة وطبيعة مواقعها، رافقها ____________ هائلة في البنية التحتية والفوقية لتسهيل قيام صناعة سياحة متطورة ومستدامة. وهذا التوجه يؤكد ____________ الحكومات بأن السياحة مصدر دخل لا ينضب حيثما ازدهرت ونمت. وتمتلك الدول العربية في الغالب ____________ مهمة كالآثار والمواقع الدينية والسواحل المشمسة والمناطق الجبلية وغيرها، إلا أن توزيعها يشير إلى انفراد كل دولة بجانب من تلك المميزات، وهذا بحد ذاته يعد ميزة تتيح للسياحة خيارات لأنواع مختلفة من الأنشطة السياحية.

وبناء على ما تقدم فإن النظرة التنموية بـ____________ها الاستراتيجية والإدارية تتطلب إيلاء صناعة السياحة العربية اهتمام الحكومات والقطاع الخاص بما يجعلها قادرة على المنافسة والمساهمة في تحسين ____________ القومي وتوفير فرص عمل حقيقية فضلاً عن دورها الحضاري في تأمين أرقى حالات التواصل والتفاعل بين ثقافات الشعوب.

ولقد تسارع تطوير قطاع السياحة في الوطن العربي خلال السنوات القليلة الماضية في إطار الجهود المبذولة لـ____________ الاقتصاد. ويُعدّ هذا القطاع مصدراً هاماً للعملات الأجنبية ولفرص

العمل، وهو ما يؤكد بوضوح أثره العام على الاقتصاد، كما يساعد قطاع السياحة على تطوير غيره من القطاعات، خاصة قطاعات البنية التحتية مثل النقل والاتصالات، والكهرباء والمياه، والخدمات المالية، والزراعة والصناعات التحويلية.

ولا يخفى على أحد أن قطاع السياحة في الوطن العربي عُرضة للتأثر بالتطورات السياسية السائدة في المنطقة، ولا سيما التطورات ______________ للثورات العربية، حيث سجلت الدول العربية ______________ بقيمة تزيد على ٢ مليار دولار خلال عام ٢٠١١ وذلك بسبب ما مرت به دول عربية من اضطرابات. وبلغ حجم خسائر تونس التي تملك نحو ١٥ في المائة من حصة السياحة في أفريقيا خلال الفترة الماضية بنحو ٤٥٠ مليون دولار، بمعدل خسائر شهرية بلغت ٣١ مليون دولار، في حين بلغ حجم الخسائر عن الفترة الماضية في مصر، والتي تملك نحو ٢٣ في المائة من حصة السياحة في الشرق الأوسط بنحو أكثر من مليار دولار، و٨٦ مليون دولار خسائر شهرية .

ويشكل ______________ البنية التحتية والخدمات الأساسية المتصلة بها عائقاً آخر أمام سرعة نمو السياحة في المنطقة. وفي الوقت ذاته، يعتبر ______________ أسواق سياحية جديدة في جميع أنحاء العالم، ولا سيما في جنوب آسيا وشرقها، مصدراً للمنافسة الحادة للأسواق السياحية في البلدان العربية، فقد ______________ الاقتصادات الآسيوية من النجاح في توسيع أسواقها السياحية التي تعتبر حالياً أسرع الأسواق السياحية نمواً في العالم، كما ظهرت أسواق سياحية ذات قدرة كبيرة على المنافسة في الصين وماليزيا وسنغافورة وتايلاند وهونج كونغ. وتندرج الصين وماليزيا في عداد أكبر ٢٠ بلداً مُستقبِلاً للسياح.

ويحتاج ______________ قطاع السياحة إلى نظرة طويلة الأجل تكون جزءاً من عملية التنمية الاقتصادية، نظراً للترابط بين السياحة وسائر القطاعات الاقتصادية الأخرى. والتنمية الناجحة للسياحة في أي بلد يجب أن تركز على المجالات التي يتمتع فيها هذا البلد بميزة نسبية، مثل السياحة الثقافية وسياحة الآثار، والسياحة الترفيهية، والسياحة الدينية، وسياحة المؤتمرات والتدريب، ليتمكن من التنافس في أسواق السياحة العالمية، وعلاوة على ذلك، يتطلب تطوير السياحة توفر ______________ السياسية في تنمية القطاع وإخضاعه لتشريعات منفصلة تسعى إلى تحقيق أهداف السياحة في البلد وتطورها .

وتتنوع السياحة العربية حسب الدول. و______________ جمهورية مصر العربية والمغرب العربي وبلاد الشام صاحبة تميز في هذا القطاع، ومن أكثر الدول العربية اعتماداً على السياحة وتوجد بها أكثر الأماكن الأثرية والطبيعية للسياحة. واليوم تشهد صناعة السياحة في دول مجلس ______________ الخليجي خطى متسارعة على درب النمو في هذا القطاع الحيوي. ولعل دولة الإمارات العربية المتحدة تأتي في ______________ من حيث الإنجازات السياحية حيث حققت حضوراً فاعلاً ومؤثراً على خريطة السياحة العالمية، بل تفوقت على كثير من الدول التي سبقتها في ولوج عالم السياحة بعشرات السنين. وتتمتع دولة الإمارات ببنية سياحية متطورة، واستطاعت ______________ وسائل جذب غير مسبوقة شجعت السياح على ارتيادها، وتبذل دولة الإمارات العربية المتحدة جهوداً كبيرة في تطوير مرافقها السياحية المختلفة لإشباع ______________ السياح، ومن ضمنها الشواطئ البهية في الشرق والأكثر بهاء وعذرية في الشمال، والخدمات المتطورة في المجال الفندقي الراقي والاتصال التقني السريع والنقل المريح والمنتظم، وتقيم الإمارات مهرجانات سنوية تستقطب أعدادا هائلة من السياح، وفي مقدمتها مهرجان دبي للتسوق وهو أكبر وأشهر مهرجانات التسوق والترفيه في منطقة الشرق الأوسط الذي يضم مئات الأنشطة المختلفة، ومن أهم ______________ التي حققها منذ انطلاقه عام ١٩٩٥ استحضار العالم إلى دبي وأخذ دبي إلى العالم.

كما تعد السياحة في البحرين أهم مصادر ______________ في المملكة إلى جانب الصناعة، وتدعم الاقتصاد بقوة، حيث تجذب البحرين سنوياً أكثر من مليوني زائر. النسبة الأكبر من السياح هم من دول الخليج العربي، ويأتي في المرتبة الأولى السياح السعوديون، والكويتيون ثم العمانيون، فالإماراتيون فالقطريون،

والسياح غير العرب يأتي معظمهم من بريطانيا والولايات المتحدة. والبحرين مليئة بالآثار والمتاحف والأماكن الأثرية، كما إن طبيعتها الجزيرية جعلت أرضها مليئة بالشواطىء. وتُعدّ سياحة الآثار من أهم السياحات في البحرين، فالبحرين فيها العديد من المواقع التراثية والآثار القديمة.

## تمرين ٨: تعبيرات هامة في السياق النصي

اقرأوا الفقرات التي جاءت منها التعبيرات التي تحتها خط ثم اختاروا التعبير المرادف لها والذي يُكمل السياق في الجمل.

١. "شهدت السنوات الأخيرة من القرن الماضي وحتى حاضرنا ازدهاراً ملحوظاً في تطور صناعة السياحة <u>على مستوى العالم</u>"

  أ. محليا

  ب. دوليا

  ج. وطنيا

  د. أهليا

٢. "وهذا التوجه يؤكد قناعة الحكومات بأن السياحة مصدر <u>دخل لا ينضب</u> حيثما ازدهرت ونمت"

  أ. إيراد لا ينتهي

  ب. حضور متجدد

  ج. الذهاب والعودة

  د. وصول متأخر

٣. "ويحتاج تطوير قطاع السياحة إلى <u>نظرة طويلة الأجل</u> تكون جزءاً من عملية التنمية الاقتصادية"

  أ. رؤية بعيدة المدى

  ب. مشاهدة طويلة جدا

  ج. آراء بعد تفكير طويل

  د. مسافة سفر بعيدة

## تمرين ٩: أسئلة للاستيعاب والفهم

أجيبوا على الأسئلة التالية بعد قراءة النص السابق.

١. ما هي الفكرة الأساسية في النص؟

٢. حسب النص، ما هي الأهمية الاقتصادية والحضارية للسياحة في إطار التنمية في الدول العربية؟

٣. ما هي العقبات التي تقف أمام تقدم السياحة في العالم العربي؟

٤. أي هذه العقبات أصعبها وأيها يمكن التغلب عليها بسهولة؟ اشرح/ي إجابتك بأدلة من عندك.

٥. ما هي العوامل اللازمة لتقدم السياحة في العالم العربي؟

٦. كيف استطاعت دولة الإمارات العربية المتحدة تحقيق تفوّق في مجال السياحة؟

٧. هل يمكن استخدام نموذج الإمارات العربية المتحدة في تحسين السياحة بها في دول عربية أخرى؟ أيّد/ي إجابتك بأدلة من عندك.

٨. لخص/ي النص السابق في ٢٠٠ كلمة من عندك.

⬤ **تمرين ١٠: أسئلة للمناقشة والحوار**

اكتب/ي إجابتك على كل سؤال وبعد الانتهاء ناقش/ي إجاباتك مع الزملاء في حوار في الصف.

١. ماذا يجب على الدول العربية عمله لتحسين قطاع السياحة فيها؟
٢. رتّب/ي العقبات التي تقف أمام تقدّم السياحة من حيث تأثيرها السلبي عليها.
٣. كيف توصّلت إلى الترتيب الذي قدمته في (٢) أعلاه؟
٤. تتمتع بعض الدول العربية بمزايا نسبية يمكن استغلالها في تنشيط السياحة بها. اختر/اختاري دولة عربية وبين/ي مزاياها النسبية في السياحة وكيف يمكن استغلالها لتطوير السياحة بها.

**تمرين ١١: بحث في الإنترنت**

ابحث/ي في الإنترنت عن المعلومات المطلوبة أدناه ثم اكتب/ي تقريرا من صفحتين يشمل كل هذه المعلومات.

١. حجم السياحة الدولية
٢. نصيب السياحة العربية من إجمالي السياحة الدولية
٣. العوامل المحفزة للسياحة في العالم العربي
٤. العوامل ذات التأثير السلبي على السياحة العربية

## القراءة ٢

### المصطلحات الهامة

عززت: قوّت
أفرزت: عزلت (أيضا أنتجت في سياق هذا النص)
متعدد الروافد: متنوع التأييد والإعانة
الوزارة الوصية: الوزارة المسؤولة
أضحت: أصبحت
ترويج: تشجيع على شراء أو بيع سلعة أو خدمة
وسطاء: أشخاص يقومون بدور الوسيط (في الوسط) بين البائع والمشتري
أداء فواتير: دفع حساب (بالمال أو ببطاقة إئتمان)
الطفرة التكنولوجية: النمو التكنولوجي المتزايد، القفزة التكنولوجية

### تمرين ١٢: النظرة السريعة على النص

ابحثوا في النص عما يلي:

١. ماذا نفهم من العنوان "التكنولوجيا ترسم معالم السياحة في العالم العربي"؟
٢. ما هي نسبة التوظيف التي توفرها السياحة سنويا؟

٣. ما هي نسبة الدخل من السياحة عن طريق التجارة الإلكترونية؟
٤. من بين الدول المذكورة في النص أي الدول بها أعلى نسبة سياحة إلكترونية في مجموع أنواع السياحة فيها؟

النص

## التكنولوجيا ترسم معالم السياحة في العالم العربي

بتصرف من مقال كتبه يونس بلفلاح (باحث وأكاديمي مغربي)

تعتبر السياحة رافعة للاقتصاد العالمي، على الرغم من معوقات الأزمة الاقتصادية وحالة التوتر السياسي وعدم الاستقرار في مناطق عديدة من العالم، حيث تساهم بنسبة ١٥٪ من مجموع الناتج الداخلي العالمي، وتخلق سنويا ١٠٪ من فرص العمل. وقد عززت تكنولوجيا الاتصالات والمعلومات تطور القطاع السياحي العالمي، وأفرزت تغييرات كثيرة في بنيته الاقتصادية والخدمية، فأصبحت التكنولوجيا ميزة تنافسية في مجال الأعمال السياحية. والجدير بالذكر أن القطاع السياحي متعدد الروافد، يلتقي فيه فاعلون كُثر وتتقاطع بداخله مصالحهم، والمقصود هنا، المؤسسات الرسمية متمثلة في الوزارة الوصية بالسياحة، المؤسسات الفندقية، المنعشون العقاريون، المستثمرون الماليون كالمصارف والصناديق الاستثمارية، وكالات الأسفار، معاهد التكوين السياحي والفندقي، المرشدون السياحيون ومؤسسات النقل الجوي. وبذلك أضحت التكنولوجيا حلقة الوصل للضبط والربط بين اختصاصات وتداخلات هؤلاء الفاعلين في صناعة السياحة.

وفي هذا السياق، تستحوذ السياحة على حصة الأسد من حجم التجارة الإلكترونية، وقارب داخلها ١٥٠ مليار دولار سنة ٢٠١٤، واعتمد مليار و٢٣٥ مليون سائح على الخدمات السياحية الإلكترونية، إما للاستفسار أو للحجز والسفر، كما يستأثر القطاع السياحي على ٤٥٪ من عائدات الإعلانات الإلكترونية، ونجد أن نسبة السياحة الإلكترونية من مجمل القطاع وصلت في فرنسا إلى ٨٥٪ وفي اسبانيا ٧٠٪ و في تركيا ٦٦٪.

وعلى هذا النحو توفر تكنولوجيا المعلومات والاتصال إمكانية إنجاز وترويج الخدمات السياحية عبر شركات التجارة الإلكترونية، تستعمل في إرساء كيانات سياحية معتمدة على إدارة المعرفة، كالفنادق الذكية التي تتبنى النظم المعلوماتية الحديثة، المخَفِّضة للتكاليف والمُربحة للوقت، والتطبيقات المركبة المقوية للتنافسية. هذا بالإضافة إلى التسويق الإلكتروني للعرض السياحي القادر على جلب السائحين، والمؤسس للمناخ الاستثماري الملائم والداعم لترويج السفر.

تقدم السياحة الإلكترونية عروضا مَرِنة وموجَّهة حسب حاجات الزوار، من خلال مد جسور التواصل معهم لمعرفة رغباتهم وميولهم فيما يتعلق بوسيلة التنقل، درجة ومكانة الفندق، الأماكن المتاحة للزيارة وكذلك أنواع المطاعم ومحلات التسوق. ناهيك عن إسهامات تكنولوجيا التواصل في تقريب المسافة من السياح، دون الحاجة إلى وسطاء، حيث تمكنهم من البحث عن الخدمات السياحية المعبرة عن حاجياتهم الفعلية، ومرافقتهم عبر النصح والإرشاد، كما تسهل عليهم أداء فواتير الزيارة من خلال الأداء ببطاقات الائتمان الدولية.

وعلى هذا الأساس، فالسياحة اليوم هي سوق افتراضية تتأثر بفعل التطور التكنولوجي، ويظهر ذلك بوضوح عبر مستويين، الأول يهتم بالمحتوى الرقمي الذي يتطلب تجميع المعلومات السياحية عن المؤشرات، العروض، الأسعار، ورقمنة ونشر المعلومات السياحية، عبر شبكة الإنترنت ووسائل الاتصال الاجتماعي للترويج للخدمات السياحية. أما المستوى الثاني، فتبرز فيه الطفرة التكنولوجية في صناعة السياحة التي أفرزت زيادة في الفاعلين بالقطاع، واتساعا لنسيجه الاقتصادي بظهور مؤسسات جديدة ترتبط بالخدمة عبر الإنترنت، الاتصالات والوساطة الإلكترونية، ومحركات البحث السياحي، وكذلك المصارف الإلكترونية المساعدة على الحجز وصرافة العملة.

تتجلّى أهمية استخدام تكنولوجيا المعلومات في القطاع السياحي، في تداخلها مع مسار العملية السياحية من التخطيط إلى التعاقد مرورا بالحجز والتسويق والترويج، وتبين الاتجاهات المستقبلية للسياحة الإلكترونية أن تغييرات جذرية ستطرأ على القطاع من خلال بوادر بدأت تلوح في الأفق، كالاستعانة بالحجوزات المباشرة عبر الإنترنت بدلا من وكالات الأسفار ومكاتب الطيران، ترويج المنتج السياحي من خلال الهواتف الذكية والأجهزة التفاعلية. وكذلك اللجوء إلى الأفلام الترويجية عبر الإنترنت، والتي تُدخِل السائح في تجربة حية في المنطقة التي يود زيارتها. ونتيجة لكل ما تقدم، فمهام تكنولوجيا المعلومات ستتجسّد في تعزيز الشراكات الاستراتيجية بالقطاع السياحي، والارتقاء بالقطاعات السياحية الصاعدة كالسياحة الطبية، السياحة الثقافية، والسياحة الرياضية.

المصدر: https://www.alaraby.co.uk/Print/ff4e4832-385a-469e-a927-c3dd4058d2e1/3ae16c4b-4775-42c8-a96a-cb561d544c1f

## بعد القراءة

### تمرين ١٣: تعبيرات هامة في السياق النصي

اقرأ /اقرئي الفقرة التي أُخذت منها التعبيرات التي تحتها خط ثم اختر/اختاري المرادف الأنسب لها مما يلي.

١. "وبذلك أضحت التكنولوجيا حلقة الوصل، للضبط والربط بين اختصاصات وتداخلات هؤلاء الفاعلين في صناعة السياحة."

   أ.   مسلسل متواصل
   ب.  رابط بين طرفين
   ج.   أداة زينة
   د.   محطة نقل

٢. "وفي هذا السياق، تستحوذ السياحة على حصة الأسد من حجم التجارة الإلكترونية."

   أ.   أقل كمية
   ب.  أكبر قدر
   ج.   وقت الحيوانات
   د.   سياحة "سفاري"

٣. "وتبين الاتجاهات المستقبلية للسياحة الإلكترونية أن تغييرات جذرية ستطرأ على السياحة"

   أ.   تعديلات أساسية
   ب.  إصلاحات سهلة
   ج.   تطرفات خطيرة
   د.   تبديلات صعبة

### تمرين ١٤: أسئلة للاستيعاب والفهم

أجيبوا على الأسئلة التالية بعد قراءة النص واستيعابه.

الجزء الأول: أسئلة مفتوحة للمناقشة

١.  ماذا تفهمون من العبارة "فأصبحت التكنولوجيا ميزة تنافسية في مجال الأعمال السياحية" في الفقرة الأولى؟
٢.  كيف تستفيد التجارة الإلكترونية من السياحة حسب الفقرة الثانية؟
٣.  ما هي "الفنادق الذكية" حسب ما فهمتموه من الفقرة الثالثة؟

٤. كيف تلبّي السياحة الإلكترونية رغبات السياح حسب الفقرة الرابعة؟

٥. على أي المستويات غيّرت التكنولوجيا السياحة في الوقت الحاضر حسب الفقرة الخامسة؟

٦. ما هي التغييرات المستقبلية المتوقعة على السياحة الإلكترونية حسب الفقرة الأخيرة؟

٧. ما الفكرة الرئيسية للنص؟

٨. قيّموا آراء الكاتب في النص من حيث:

أ. قوتها

ب. ضعفها

ج. أهميتها

د. الأدلة التي تدعمها

الجزء الثاني: اختيار من متعدد

٩. ما هي الطريقة المتبعة في حياكة النص السابق؟

أ. مقارنة حقائق بعضها ببعض

ب. تحليل فكرة مفترضة

ج. السبب والنتيجة

د. التعريف بالمجال

هـ. تقديم خطوات في عملية

١٠. في رأيك، ماذا كان الأسلوب المستخدم في كتابة النص؟

أ. علمي

ب. تقني

ج. ليس له صفة شخصية

د. سردي

هـ. صحافي

١١. ما هو منحى المقالة؟ أيدوا آراءكم بأدلة من النص.

أ. تحليلي

ب. موضوعي

ج. انفعالي

د. تفاؤلي

هـ. تشاؤمي

و. واقعي

## القراءة ٣

### تمرين ١٥: أنواع السياحة

١. بالإضافة إلى سياحة الآثار والمصايف، ما هي أنواع السياحة الأخرى؟

٢. أي الدول العربية يمكن لها أن تكتسب من أنواع السياحة "غير التقليدية"؟

٣. ما هي أنواع السياحة التي سترى انتعاشا في المستقبل؟

### تمرين ١٦: تعبيرات هامة في السياق النصي

حاولوا تخمين معاني التعبيرات التي تحتها خط من خلال جذر ووزن الكلمات والسياق النصّي. اكتبوا المرادف لهذه الكلمات في الفراغات أدناها.

١. "طقس ملائم . . بيئات تساعد على الاستشفاء من أمراض عديدة . . كوادر طبية مؤهلة . . كلها مقومات إذا توافرت لدولة ما، كانت حافزًا لتطوير منظومتها الصحية لتنشيط السياحة العلاجية . . . "
التعبير المرادف لـ "مقومات": ____________________

٢. "حاول مؤتمر اتحاد المستشفيات العربية -الذي استضافته القاهرة يومي ٢٤ و٢٥ فبراير الجاري تحت عنوان "إعادة تهيئة قطاع الرعاية الصحية العربي"- مناقشة هذا الموضوع"
العبارة المرادفة لـ "إعادة تهيئة قطاع الرعاية الصحية العربي": ____________________

٣. "حَرِصَ الطبيب الليبي علي أبو قرين -عضو اتحاد المستشفيات العربية- على أن تكون هي الأساس في مداخلته خلال الجلسة لتوضيح أهمية السياحة العلاجية"
التعبير المرادف لـ "حَرِصَ": ____________________
العبارة المرادفة لـ "مداخلته خلال الجلسة": ____________________

٤. "ولم نكتف نحن العرب بأن حصتنا من هذا السوق ضعيفة للغاية، بل إننا ذهبنا بأموالنا لتلقي العلاج في دول أخرى"
التعبير المرادف لـ "حصتنا": ____________________

٥. "هؤلاء لم ينعشوا القطاع الصحي فقط، ولكن استفادت منهم القطاعات الأخرى"
التعبير المرادف لـ "ينعشوا": ____________________

٦. "ويحصلون على الخدمة الصحية بأسعار أقل من نظيرتها لديهم إذ تقدر قيمة الخدمة في الأردن بثلث قيمتها في السعودية تقريبًا"
التعبير المرادف لـ "نظيرتها": ____________________

النص

## السياحة العلاجية العربية . . . مورد لم يُحسَن استغلاله

بقلم حازم بدر القاهرة- مصر

طقس ملائم . . . بيئات تساعد على الاستشفاء من أمراض عديدة . . . كوادر طبية مؤهلة . . . كلها مقومات إذا توافرت لدولة ما، كانت حافزًا لتطوير منظومتها الصحية لتنشيط السياحة العلاجية لتكون واحدة من مصادر الدخل للدولة. لكن رغم توافر تلك المقومات لدى بعض دول المنطقة لا نجدها مستغلة. حاول مؤتمر اتحاد المستشفيات العربية -الذي استضافته القاهرة يومي ٢٤ و٢٥ فبراير الجاري تحت عنوان "إعادة تهيئة قطاع الرعاية الصحية العربي"- مناقشة هذا الموضوع، واستكشاف مفاتيح النجاح لهذا النوع من السياحة.

ولأن لغة الأرقام هي أفضل مَن يتحدث في مثل هذه الموضوعات التي يكون لها أبعاد اقتصادية، حرص الطبيب الليبي علي أبو قرين -عضو اتحاد المستشفيات العربية- على أن تكون هي الأساس في مداخلته خلال الجلسة لتوضيح أهمية السياحة العلاجية. قال أبو قرين -موضّحا أهمية الحاجة إلى الاهتمام بهذا النوع من السياحة-: "سوق السياحة العلاجية في العالم بلغ ١٠٠ مليار دولار أمريكي عام ٢٠١٤، كانت حصة العالم العربي منها لا تكاد تذكر. ولم نكتف نحن العرب بأن حصتنا من هذا السوق ضعيفة للغاية، بل إننا ذهبنا بأموالنا لتلقي

العلاج في دول أخرى، فأنفقنا خلال العام نفسه ٣ مليارات دولار." واعتبر أبو قرين هذا الإنفاق هدرًا للاقتصاد العربي، لا سيما أن كثيرًا من العمليات الجراحية التي يسافر المريض لإجرائها في دول أجنبية، يمكن أن تُجرى في دول عربية وبكفاءة لا تقل عنها. ورغم قتامة الصورة التي تكشف عنها هذه الأرقام، إلا أن الجلسة أعطت بعضًا من الأمل متمثلاً في التجربة الأردنية في السياحة العلاجية، والتي وُصفت بأنها قابلة للتكرار في العديد من الدول العربية، لا سيما أنها حققت نجاحا ملموسًا في بلد لا يملك اقتصاديات مرتفعة.

وتحدث عن هذه التجربة الطبيب الأردني فوزي الحموي، رئيس جمعية المستشفيات الخاصة بالأردن، والذي اتبع هو الآخر نفس منهج سلفه في الحديث بلغة الأرقام لبيان الأثر الإيجابي الذي يمكن أن تحدثه السياحة العلاجية. قال الحموي: "يكفي القول إن إيرادات السياحة العلاجية في الأردن عام ٢٠١٤ قدرت بمليار ونصف المليار دولار، جرى الحصول عليها من تقديم خدمات صحية وخدمات أخرى لـ٢٥٠ ألف مريض ومرافقيهم." وتابع: "هؤلاء لم ينعشوا القطاع الصحي فقط، ولكن استفادت منهم القطاعات الأخرى، حيث يبلغ معدل إنفاقهم على القطاع الصحي ما بين ٣٠ إلى ٣٥ ٪ فقط، وتوزعت النسبة المتبقية على القطاعات الأخرى، مثل خدمات الفنادق والاتصالات وشراء السلع."

لم ينتظر متابعو الجلسة انتهاء مداخلة الحموي لطرح الأسئلة التي تدفعه للكشف عن المقومات التي أدت إلى تحقيق بعض النجاح في التجربة الأردنية، بما دفع المنظمين لتقديمها كنموذج إيجابي يمكن البناء عليه، فالرجل كان متحمسًا بما يكفي للكشف عن ذلك دون سؤال.

قال الحموي: "أحد أهم أسباب النجاح هو تسهيل إجراءات المرور من دولة لأخرى، وتقديم الخدمة بأسعار تنافسية، والأردن نجح في ذلك إلى حد كبير، بما جعله مقصدًا لعلاج المريض السعودي على سبيل المثال." وأوضح الحموي أن الأردن استقبل العام الماضي عددًا كبيرًا من المرضى السعوديين لأنه ليس لديهم أي عوائق عن دخول الدولة، ويحصلون على الخدمة الصحية بأسعار أقل من نظيرتها لديهم إذ تقدر قيمة الخدمة في الأردن بثلث قيمتها في السعودية تقريبًا.

وإلى جانب السعر وحرية الانتقال، فإن جودة الخدمة أمر مهم للغاية، لم يغفله الحموي في مداخلته، مؤكدًا: "أسهمت ثقافة الجودة المنتشرة بين المستشفيات في الأردن والسعي للحصول على شهادات الجودة المعتمدة دوليًا في تحسين مستوى الخدمة الصحية المقدمة." ووقفت التشريعات عاملاً مساعدًا في هذا المجال، وتحدث الحموي عن أن "التشريعات الطبية تساوي بين المريض الأردني وغير الأردني، وتمنح الاثنين حقوقًا متساوية، ربما جاءت على حساب مقدم الخدمة الطبية نفسه."

وكانت خلاصة التجربة هي أن كل هذه العوامل المساعدة وجدت إرادة سياسية ساعدت على تحقيقها، ودون هذه الإرادة السياسية لا تملك أي دولة تحقيق النجاح في هذا المجال، حتى وإن امتلكت مقوماته.

بعد القراءة

## تمرين ١٨: تعبيرات هامة في السياق النصي

اختاروا المعنى المرادف لكل تعبير تحته خط.

١. "سوق السياحة العلاجية في العالم بلغ ١٠٠ مليار دولار أمريكي عام ٢٠١٤، كانت حصة العالم العربي منها <u>لا تكاد تُذكر</u>."

أ. نسبة عالية القيمة

ب. نسبة قليلة الأهمية

ج. نسبة متوسطة

٢. "ورغم <u>قتامة الصورة</u> التي تكشف عنها هذه الأرقام، إلا أن الجلسة أعطت بعضًا من الأمل"

أ. حالة مؤسفة

ب. حالة مُشجّعة

ج. حالة عادية/طبيعية

٣. "وتحدث عن هذه التجربة الطبيب الأردني فوزي الحموي، رئيس جمعية المستشفيات الخاصة بالأردن، والذي اتبع هو الآخر نفس <u>منهج سلفه</u> في الحديث بلغة الأرقام"

أ. موضوع دراسي جديد

ب. طريقة/أسلوب مَن سَبَقه

ج. برنامج من سيتبعه

## تمرين ١٩: أسئلة على النص

١. ماذا كان الغرض من المؤتمر؟

٢. ما هي حال السياحة العلاجية الآن في العالم وفي المنطقة العربية؟

٣. صف/ي "التجربة الأردنية"؟ لماذا نالت أهمية في المؤتمر؟

٤. ماذا تفهم/ين من النص عن مقومات نجاح السياحة العلاجية في دولة ما؟

٥. رتّب/ي هذه المقومات من حيث أهميتها (تصاعديا أو تنازليا).

٦. ماذا كان غرض الكاتب من كتابة هذه المقالة؟

## الاستماع

لقاء مُسجل مع الدكتور محمد جميل، أستاذ إدارة الفنادق والتسويق بكلية عُمان للسياحة وعضو لجنة السياحة بالقطاع الاقتصادي لجامعة الدول العربية.

## تمرين ٢٠: أسئلة تمهيدية قبل مشاهدة الفديو

قبل الاستماع حاول/ي الإجابة على الأسئلة التالية.
ماذا تعرف/ين عن أنواع السياحة التالية وأين يوجد كل نوع منها في العالم العربي.

١. السياحة البيئية

٢. سياحة الأعراس والزواج

٣. سياحة رجال وسيدات الأعمال

٤. سياحة التسوّق

٥. سياحة المعارض والمهرجانات

٦. سياحة السفن (المراكب) العائمة

## تمرين ٢١: نشاط المفردات

حاولوا تخمين معنى كل من التعبيرات التي تحتها خط في الجمل التالية واكتبوا مرادفا لكل منها.

١. تبذل الدول العربية جهودا مُضنية لتنشيط السياحة وخصوصا في وقت انخفاض سعر النفط.
العبارة المرادفة لـ "جهودا مُضنية": _____

٢. تلجأ الحكومات في الدول المصدرة النفط إلى تنوّع مصادر الدخل ولذلك تهتم بالسياحة كمصدر بديل للدخل.
العبارة المرادفة لـ "تنوّع مصادر الدخل": _____

٣. قطاع السياحة حسّاس للتقلّبات على مختلف الأبعاد مثل التقلبات السياسية والاقتصادية والتقلبات الخاصة بالبيئة الطبيعية والكوارث.
العبارة المرادفة لـ "حسّاس للتقلّبات على مختلف الأبعاد": _____

٤. ترى بعض الدول الغنية بالنفط أن قطاع السياحة يمكن أن يكون رديفا للقطاع النفطي يمكن الاعتماد عليه كمصدر مهم للدخل القومي.
العبارة المرادفة لـ "رديفا للقطاع النفطي": _____

٥. تضع الكثير من الحكومات العربية، ومنها سلطنة عُمان، خططا مستقبلية مُستدامة، مثل "رؤية عُمان ٢٠٤٠." تهدف إلى تحسين وتطوير الاقتصاد وتوفير الوظائف الكافية للمواطنين.
العبارة المرادفة لـ "خططا مستقبلية مُستدامة": _____

## تمرين ٢٢: الأفكار الرئيسية والتفاصيل

أثناء مشاهدتكم للفيديو حاولوا تدوين أكبر قدر من التفاصيل تحت كل من الأفكار التالية. شاهدوا الفيديو أكثر من مرّة للحصول على تفاصيل أكثر وأدق وللتأكّد من صحة فهم الفيديو.

١. واقع القطاع السياحي في العالم العربي الآن
_____

٢. حساسية القطاع السياحي لما يحدث في البلد
_____

٣. خطة سلطنة عُمان المستدامة للسياحة
_____

٤. واقع السياحة البينية في العالم العربي بصفة عامة
_____

٥. واقع السياحة البينية بين دول مجلس التعاون الخليجي
_____

٦. أنواع السياحة الموجودة في العالم العربي
_____

٧. أصناف السياحة غير التقليدية في سلطنة عُمان
_____

٨. دور التكنولوجيا في تنشيط السياحة وازديادها
_____

٩. جهود الحكومات العربية في الحفاظ على البيئة والتقليل من الآثار السلبية للسياحة عليها
_____

١٠. التنبؤات في مستقبل السياحة في الدول العربية
_____

١١. التحديات للسياحة في العالم العربي
_____

١٢. العوامل المساعدة على تطوير السياحة في مختلف الدول العربية
_____

١٣. الخصائص العامة للسياحة "كصناعة دولية"
_____

١٤. التطورات الأخيرة في تأهيل القوة البشرية في السياحة العربية
_____

## تمرين ٢٣: أسئلة للاستيعاب والفهم

اكتب/ي الإجابة على الأسئلة التالية وأعط/ي أمثلة كلما أمكن.

١. ما هي التأثيرات السلبية والإيجابية لـ "الربيع العربي" على القطاع السياحي في المنطقة العربية؟
٢. من شارك في إعداد خطة التنمية المستدامة في السياحة بسلطنة عمان وما هي أهداف هذه الخطة بالنسبة لتنمية السياحة وتوظيف الشباب العمانيين؟
٣. قارن/ي بين نسبة السياحة البينية لدول مجلس التعاون الخليجي ونسبتها في الدول العربية الأخرى.
٤. ما هي معوّقات السياحة البينية للدول العربية بصفة عامة؟
٥. ما هي أنواع السياحة غير التقليدية التي تتخصّص فيها سلطنة عُمان؟
٦. ما هي الفوائد التي تقدمها ما سمّاه الأستاذ محمد جميل بـ "البوابة الإلكترونية للسائح" في سلطنة عُمان؟
٧. ما هي الشروط التي تضعها بعض الحكومات العربية للموافقة على مشروعات سياحية في مناطق "المحميات الطبيعية"؟

## تمرين ٢٤: أسئلة للمناقشة والحوار

فكّر/ي في كل سؤال مما يلي وبعد الإجابة على كل الأسئلة ادخل/ي في حوار مفتوح مع زملائك تناقشون فيه كل سؤال.

١. إذا كانت السياحة "قطاع حسّاس للتقلّبات على مختلف الأبعاد" كيف يمكن عمل خطط مُستدامة تحقق نتائجها المستقبلية؟
٢. هل السياحة فعلا بديل كاف للدخل من النفط في الدول المصدرة له؟

٣. لماذا القطاع السياحي مهم لتوظيف الشباب خصوصا؟

٤. أي أنواع السياحة له أفضل مستقبل في العالم العربي من حيث اجتذاب السياح من خارج المنطقة؟ أيد/ي اختيارك بأمثلة وأدلّة.

٥. هل هناك منافسة في السياحة بين الدول العربية أم أن كل منها له تخصص مُعين في أنواع من السياحة يختلف عن الدول العربية الأخرى؟ أيد/ي رأيك بأمثلة وأدلة.

٦. ماذا يقصد الأستاذ محمد جميل في قوله إن "دول مجلس التعاون تنظر إليها (السياحة) كمجال تنوّع اقتصادي وليس الأولوية"؟ ما هي الدول العربية التي تعتبر السياحة أهم مصدر لدخلها القومي وما علاقة السياحة بالتقدّم الاقتصادي فيها؟

٧. هل تتفق/ين مع الأستاذ محمد جميل على أن "السياحة صناعة مُسالمة . . . صناعة مرِنة، لا تحتاج إلى مهارات خاصة"؟ لم نعم أو لا؟

٨. هل "الوعي الاجتماعي" وانتشار الكليات والمعاهد المتخصصة في السياحة كاف لتطورها في الدول العربية؟ أيد/ي إجابتك بأدلة.

## دراسة حالة

## تمهيد للدراسة

## تقديم برنامج لتنشيط السياحة في بلد عربي

تذخر المنطقة العربية بمزايا سياحية جمة. فموقعها الجغرافي تتلاقى فيه قارة آسيا وأفريقيا وهو أيضا على كثب من أوروبا. والمنطقة أيضا فيها شواطئ تطل على بحار هامة من بينها البحر الأبيض المتوسط والبحر الأحمر وأيضا المحيط الأطلنطي. فضلا عن ذلك المنطقة العربية تمتاز بالآثار التاريخية والدينية العريقة وغيرها والتي يقصدها السياح من أقاصي الأرض ودانيها.

اختر/اختاري منطقة في إحدى الدول العربية وابحث/ي عن المزايا التنافسية للسياحة بها. فحدد/ي مثلا نوع المزية (تاريخية، استشفائية/علاجية، دينية، ترفيهية، رياضية). في بحثك وتقريرك ارصد/ي العناصر الهامة (مثلا المناخ والمياه الطبيعية والأعشاب الطبية) وكيفية استثمارها والترويج لها لتنشيط السياحة. في خلال بحثك حدد/ي ما إذا كان من الممكن اعتبار المنطقة السياحية محمية لمواجهة أي خطر عليها من أي جهة محلية أو وطنية. ناقش/ي في بحثك كيفية التعاون بين السكان المحليين وقطاع السياحة المتمثل في الفنادق وشركات الطيران ووزارة السياحة في المنطقة لخدمة السياحة بها واجتذاب السياح الوافدين إليها.

## التحدي

قدم/ي تقريرك شفويا وكتابيا (من ثلاثة صفحات على الأقل) متضمنا ما يلي:

١. سبب اختيارك للمنطقة السياحية

٢. المزايا التنافسية للمنطقة

٣. قدّم/ي رأيك إزاء السياحة بها حاليا وكيفية تحسينها بخطة مدروسة قمت بإعدادها.

٤. قدّم/ي خيارات لتحسين السياحة والاعتبارات المبنية عليها.

٥. قدّم/ي خطة تنفيذية مقنعة لكل أصحاب المصلحة وصانعي القرار.

٦. يجب أن تشمل الخطة المدى القصير، المدى المتوسط، والمدى البعيد.

٧. يجب أن تتضمن الخطة المخاطر المحتملة وكيفية التغلب عليها.

## مصادر إضافية مقترحة للبحث

لإعانتك على القيام بهذه الدراسة التحليلية، فيما يلي مصادر للقراءة والاطلاع على بعض الخطط التي تم مناقشتها في تنشيط السياحة. في حالة عدم التمكن من البحث باستخدام المواقع الإلكترونية المقترحة، اختر/ اختاري بنفسك مصادر إلكترونية أخرى تتناول هذه المواضيع أو ما يشابهها.

١. مشاريع تنمية سياحية بالعالم العربي
"عمران تكشف تنفيذ مجموعة من أكبر مشاريع التنمية السياحية بالسلطنة"
https://avb.s-oman.net/showthread.php?t=1041766

أ. "السياحة البيئية: نظرة على الأردن"
https://www.ecomena.org/ecotourism-jordan-ar/

ب. "محمد بن راشد يعتمد حزمة من مشاريع السعادة ورفاهية السكان"
https://www.emaratalyoum.com/local-section/other/2019-04-30-1.1208301

ج. "مشاريع سياحية جديدة بتكلفة٨ مليارات دولار"
https://www.al-sharq.com/article/28/03/2016=مشاريع-سياحية-جديدة-بتكلفة-٨-مليارات-دولار/

٢. أنماط السياحة

أ. "الأنماط السياحية في العالم"
https://www.feedo.net/LifeStyle/TravelTripsRelaxation/TourismAllOverWorld.htm

ب. "السياحة الدينية وجسور التواصل المسيحي الإسلامي"
http://www.abouna.org/node/242

ج. "التنمية السياحية المستدامة بواحة سيوة"
https://www.researchgate.net/profile/Ahmed_Faggal/publication/312040913_altnmyt
_alsyahyt_almstdamt_bwaht_sywt/links/586bedf908ae6eb871bb6e94/altnmyt-alsyahyt
-almstdamt-bwaht-sywt.pdf

د. "بدء المؤتمر الإقليمي الثالث للسياحة العلاجية في الأردن"
https://www.ammonnews.net/article/196315

هـ. "افتتاح مركز هارفرد العالمي في مدينة دبي الطبية"
https://www.albayan.ae/across-the-uae/news-and-reports/2015-01-21-1.2292792

و. "خبراء لـ "لوسيل": غياب السياحة العلاجية عن "الخارطة"
رغم توفّر المقومات"
https://lusailnews.net/article/politics/qatar/11/12
خبراء-لـ-«لوسيل»-غياب-السياحة-العلاجية-عن-«الخارطة»-رغم-توفر-المقومات/2017/

ز. "نهضة سياحية مغربية: فنادق جديدة بـ ١/٧ مليار دولار"
https://www.alaraby.co.uk/supplements/2015/3
١-٧-مليار-دولار/17/

# قاموس مصطلحات (حسب الجذر) عربي-إنجليزي
# Arabic-English Glossary

| **Business Geography** | **جغرافية الشؤون التجارية** |
|---|---|
| indicator | مؤشر (ج. مؤشرات) |
| infrastructure | البنية التحتية |
| stock market | بورصة (ج. بورصات) |
| dependency | التّبعية |
| intra trade within a region | التجارة البينية |
| currency trading | تجارة العُملة |
| axis | محور (ج. محاور) |
| cash transfer | التحويل (ج. التحويلات) النقدية |
| loss | خسارة (ج. خسائر) |
| commercial directory | الدليل التجاري |
| currency exchange | تداول العملة |
| fluctuation, swinging | تذبذبات |
| profit | ربح (ج. أرباح) |
| chart | رسم (ج. رسوم) بياني |
| decentralized | لامركزي |
| exchange rate | سعر الصرف |
| price parity | سعر التوازن |
| commodity/goods | سلعة (ج. سلع) |
| promising market | سوق واعدة |
| standard of living | مستوى (ج. مستويات) المعيشة |
| deal/bargain | صفقة (ج. صفقات) |
| inflation | التضخُّم |
| demand | الطلب |
| deficit | عجز (في) |
| supply | العرض |
| currency (money) | العُملة (ج. العملات) |
| commercial transactions | المعاملات التجارية |
| variables | المتغيّرات |
| bank notes | فئات العملة |
| rentier economy | اقتصاد ريعي |
| fluctuation | تقلُّب (ج. تقلُّبات) |
| economic bloc | تكتل (ج. تكتلات) اقتصادية |

| | |
|---|---|
| economic bloc | كتلة اقتصادية |
| economic integration | تكامُل اقتصادي |
| gross domestic product | الناتج المحلّي الإجمالي |
| customs union | الاتحاد الجمركي |
| balance of payments | ميزان المدفوعات |

## Employment

**التوظيف**

| | |
|---|---|
| wage | أجر (ج. أجور) |
| work visa | تأشيرة (ج. تأشيرات) عمل |
| authenticity (of job credentials/qualifications) | أصالة |
| medical insurance | التأمين الطبّي |
| academic qualifications | المؤهلات الأكاديمية |
| consumer goods | البضائع الاستهلاكية |
| unemployment | البطالة |
| retail | البيع بالتجزئة |
| wholesale | البيع بالجملة |
| importing foreign workers | جلب العمال الأجانب |
| promotion | الترقية (ج. الترقيات) |
| demographics | التركيبة السكانية |
| paid vacation | إجازة مدفوعة الأجر |
| incentivize | حفّز، يُحفّز، تَحفيز |
| governance of the company | حوكمة الشركة |
| money transmittal | الحوالات النقدية |
| money transfers | التحويلات المالية |
| typos | أخطاء مطبعية |
| written notice | إخطار كتابي |
| salary | راتب (ج. رواتب) |
| license/permit | رخصة/ترخيص (ج. رخص/تراخيص) |
| fill a shortage | سدّ العجز |
| legal documents | المستندات القانونية |
| emerging markets | الأسواق الناشئة |
| resume | السيرة (ج. السير) الذاتية |
| market capacity | سعة السوق |
| personnel (department) | (قسم) شؤون الموظفين |
| shipping companies | شركات الشحن |
| multinational corporation | شركة متعددة الجنسيات |
| holding company | شركة قابضة |
| certificate of good conduct (background check) | شهادة حُسن سير وسلوك |
| exporting labor | تصدير العمالة |
| conflict of interest | تضارب المصالح |

| | |
|---|---|
| job fairs | معارض توظيف |
| references | المعرّفون |
| work contract | عقد (ج. عقود) عمل |
| real estate | عقار (ج. عقارات) |
| foreign workers | العمّال الوافدون |
| foreign labor | العمالة الوافدة |
| fee for service | عمولة |
| skilled labor/laborers | العُمّال المهرة/الماهرون |
| job ad | إعلان (ج. إعلانات) توظيف |
| vocational institute | معهد (ج. معاهد) مهني |
| probationary period | فترة تحت التجربة |
| internship | فترة تدريب |
| gap | فجوة (ج. فجوات) |
| private sector | القطاع (ج. القطاعات) الخاصة |
| residency | الإقامة |
| purchasing power | القوة الشرائية |
| labor force | القوة (ج. القوى) العاملة |
| transcript | كشف الدرجات |
| competencies | الكفاءات |
| reward | مكافئة |
| executive jobs | المهن/المناصب التنفيذية |
| sponsorship system | نظام الكفالة |
| human resources | الموارد البشرية |
| importing labor | استيراد العمالة |
| national/local labor | العمالة الوطنية/المحلية |
| nationalizing labor (Gulf States policies) | توطين العمالة |
| job vacancy | وظيفة شاغرة (خالية) |
| signature | التوقيع |

## Fuel and Energy        الوقود والطاقة

| | |
|---|---|
| ethanol | الإثانول |
| oil alternatives | بدائل النفط |
| goods | البضاعة (ج. البضائع) |
| barrel | برميل (ج. براميل) |
| gasoline | البنزين |
| share | حصة (ج. حصص) |
| hedging | التحوّط |
| global reserve | الاحتياطي العالمي |
| winds | الرياح |
| meeting the needs | سد متطلبات |

| | |
|---|---|
| falling prices | الأسعار الهابطة |
| price speculation | مضاربة الأسعار |
| renewable energy | الطاقة (ج. الطاقات) المتجددة |
| nuclear energy | الطاقة النووية |
| swap | المقايضة |
| imbalance | عدم التوازن |
| futures | العقود الآجلة |
| natural gas | الغاز الطبيعي |
| oil refining | تكرير النفط |
| electricity | الكهرباء |
| environmental pollution | تلوث البيئة |
| oil supply | إمداد (ج. إمدادات) نفطية |
| oil/petroleum | النفط |
| crude oil | النفط الخام |
| fuel | الوقود |

## Islamic Banking — الصيرفة الإسلامية

| | |
|---|---|
| independent religious council | مجلس ديني مستقل |
| loan principal | أصل القرض |
| Islamic leasing | الإجارة |
| (religious) banning | تحريم |
| savings account | حساب ادّخار/توفير |
| checking account | حساب جاري |
| risk/jeopardy | مخاطرة |
| savings | مُدّخَرات |
| capital (money) | رأسمال |
| cost-plus sale | المُرابحة |
| usury | ربا |
| customer | الزبون (ج. الزبائن) |
| alms | الزكاة |
| early payoff (of a loan) | التسديد المبكّر |
| cash advance | سُلفة (ج. سُلف) |
| Islamic forward financing | السّلَم |
| (Islamic) bond market | سوق الصكوك |
| liquidity | السيولة |
| partnership | شراكة |
| equity partnership | المُشاركة |
| profit sharing | المشاركة في الأرباح |
| wide popularity | شعبية عريضة |
| transparency | شفافية |

| | |
|---|---|
| central bank | المصرف المركزي |
| Islamic finance/procurement | الاستصناع |
| financing partnership | المُضارَبة |
| real estate | العقارات |
| client | العميل (ج. العملاء) |
| daily transactions | معاملات يومية |
| religious edict | فتوى (ج. فتاوى) |
| (Islamic) jurisprudent | فقيه (ج. فُقهاء) |
| interest (amount accrued on money) | الفائدة (ج. الفوائد) |
| loan | قرض (ج. قروض) |
| borrower | المُقترض |
| installment | قسط (ج. أقساط) |
| applicable law | القانون (ج. القوانين) السارية |
| borrowed moneys | الأموال المقترَضة |
| depositing | إيداع |
| (bank) deposit | وديعة (ج. ودائع) |
| depositor | المودع/ة |
| intermediary | وسيط (ج. وسطاء) |

**E-Commerce** — **التجارة الإلكترونية**

| | |
|---|---|
| replacement of a lost or damaged item | بدل فاقد |
| credit card | بطاقة (ج. بطاقات) إئتمان |
| country of origin | بلد المنشأ |
| infrastructure | البنية التحتية |
| fashion houses | بيوت الأزياء |
| fake online merchants | متاجر إلكترونية وهمية |
| customs duty | الجمرك (ج. الجمارك) |
| domestic appliances | الأجهزة المنزلية |
| product quality | جودة المنتج |
| market share | حصة سوقية |
| consumer protection | حماية المستهلك |
| fraud | التحايُل |
| delivery of goods services | خدمات توصيل البضاعة |
| storage/storeroom | مخزن (ج. مخازن) |
| merging with | الاندماج مع |
| local supplier | مزوّد محلي |
| modest attire | الزي المحتشم |
| counterfeiting | التزييف |
| professional network | شبكة الممتهنين |
| social networks | شبكات الاتصال الاجتماعي |

| | |
|---|---|
| shipping companies | شركات الشحن |
| fashion designer | مصمم/ة الأزياء |
| method of payment | طريقة الدفع |
| international commercial brands | العلامات التجارية العالمية |
| economic yield/return | العائد الاقتصادي |
| uncommon | غير شائع/ة |
| age group | الفئة العُمرية |
| virtual | افتراضي |
| piracy | القرصنة |
| equal installments | أقساط متساوية |
| value added | القيمة المُضافة |
| operating costs | التكاليف التشغيلية |
| competitive advantage | ميزة تنافسية |
| swindling | النصب |
| payment method | وسيلة الدفع |
| social media | وسائل الاتصال الاجتماعي |

**Tourism Sector of the Arab Economy** — **القطاع السياحي في الاقتصاد العربي**

| | |
|---|---|
| next-in-line after the oil sector | رديف للقطاع النفطي |
| promotion (marketing) | ترويج |
| competitive prices | أسعار تنافسية |
| virtual market | سوق افتراضية |
| archaeological tourism or archeotourism | سياحة الآثار |
| ecotourism tourism | السياحة البيئية |
| leisure tourism | السياحة الترفيهية |
| shopping tourism | سياحة التسوّق |
| cruise ship tourism | سياحة السفن العائمة |
| exhibition and festival tourism | سياحة المعارض والمهرجانات |
| wedding tourism | سياحة الأعراس والزواج |
| medical tourism | السياحة العلاجية |
| strategic partnerships | الشراكات الاستراتيجية |
| technology boom | الطفرة التكنولوجية |
| long term | طويل الأجل |
| catalysts | العوامل المحفّزة |
| radical changes | تغييرات جذرية |
| unprecedented | غير مسبوقة |
| smart hotels | الفنادق الذكية |
| sector sensitive to fluctuations | قطاع حسّاس للتقلبات |
| rising tourism sectors | القطاعات السياحية الصاعدة |
| social awareness | الوعي الاجتماعي |

# قاموس مصطلحات إنجليزي-عربي
## English–Arabic Glossary

| Business Geography | جغرافية الشؤون التجارية |
|---|---|
| axis | محور (ج. محاور) |
| bank notes | فئات العملة |
| chart | رسم (ج. رسوم) بياني |
| commercial directory | الدليل التجاري |
| commercial transactions | المعاملات التجارية |
| commodity/goods | سلعة (ج. سلع) |
| currency (money) | العُملة (ج. العملات) |
| currency exchange | تداول العملة |
| currency trading | تجارة العُملة |
| customs union | الاتحاد الجمركي |
| deal/bargain | صفقة (ج. صفقات) |
| decentralized | لامركزي |
| deficit | عجز (في) |
| demand | الطلب |
| dependency | التّبعية |
| economic bloc | كتلة اقتصادية |
| economic integration | تكامُل اقتصادي |
| fluctuation | تقلُّب (ج. تقلُّبات) |
| fluctuation, swinging | تذبذبات |
| gross domestic product | الناتج المحلّي الإجمالي |
| indicator | مؤشر (ج. مؤشرات) |
| inflation | التضخُّم |
| infrastructure | البنية التحتية |
| intra trade within a region | التجارة البينية |
| loss | خسارة (ج. خسائر) |
| price parity | سعر التوازن |
| profit | ربح (ج. أرباح) |
| promising market | سوق واعدة |
| rentier economy | اقتصاد ريعي |
| standard of living | مستوى (ج. مستويات) المعيشة |
| stock market | بورصة (ج. بورصات) |
| supply | عرض |

| | |
|---|---|
| variables | المتغيّرات |
| **Employment** | **التوظيف** |
| academic qualifications | المؤهلات الأكاديمية |
| authenticity (of job credentials/qualifications) | أصالة |
| cash transfer | التحويل (ج. التحويلات) النقدي |
| certificate of good conduct (background check) | شهادة حُسن سير وسلوك |
| competencies | الكفاءات |
| conflict of interest | تضارب المصالح |
| consumer goods | البضائع الاستهلاكية |
| demographics | التركيبة السكانية |
| emerging markets | الأسواق الناشئة |
| executive jobs | المهن/المناصب التنفيذية |
| exporting labor | تصدير العمالة |
| fee for service | عمولة |
| fill a shortage | سدّ العجز |
| foreign labor | العمالة الوافدة |
| foreign workers | العمّال الوافدون |
| gap | فجوة (ج فجوات) |
| governance of the company | حوكمة الشركة |
| holding company | شركة قابضة |
| human resources | الموارد البشرية |
| importing foreign workers | جلب العمال الأجانب |
| importing labor | استيراد العمالة |
| incentivize | حَفّز، يُحفّز، تَحفيز |
| national/local labor | العمالة الوطنية/المحلية |
| nationalizing labor (Gulf States policies) | توطين العمالة |
| internship | فترة تدريب |
| job ad | إعلان (ج. إعلانات) توظيف |
| job fairs | معارض توظيف |
| job vacancy | وظيفة شاغرة (خالية) |
| labor force | القوة (ج. القوى) العاملة |
| legal documents | المستندات القانونية |
| license/permit | رخصة/ترخيص (ج. رخص/تراخيص) |
| market capacity | سعة السوق |
| medical insurance | التأمين الطبّي |
| money transfers | التحويلات المالية |
| money transmittal | الحوالات النقدية |
| multinational corporation | شركة متعددة الجنسيات |

| | |
|---|---|
| paid vacation | إجازة مدفوعة الأجر |
| personnel (department) | (قسم) شؤون الموظفين |
| private sector | القطاع (ج. القطاعات) الخاصة |
| probationary period | فترة تحت التجربة |
| promotion | الترقية (ج. الترقيات) |
| purchasing power | القوة الشرائية |
| real estate | عقار (ج. عقارات) |
| references | المعرّفون |
| residency | الإقامة |
| resume | السيرة (ج. السير) الذاتية |
| retail | البيع بالتجزئة |
| reward | مكافئة |
| salary | راتب (ج. رواتب) |
| shipping companies | شركات الشحن |
| signature | التوقيع |
| skilled labor/laborers | العُمّال المهرة/الماهرون |
| sponsorship system | نظام الكفالة |
| transcript | كشف الدرجات |
| typos | أخطاء مطبعية |
| unemployment | البطالة |
| vocational institute | معهد (ج. معاهد) مهني |
| wage | أجر (ج. أجور) |
| wholesale | البيع بالجملة |
| work contract | عقد (ج.عقود) عمل |
| work visa | تأشيرة (ج. تأشيرات) عمل |
| written notice | إخطار كتابي |

| **Fuel and Energy** | **الوقود والطاقة** |
|---|---|
| barrel | برميل (ج. براميل) |
| crude oil | النفط الخام |
| electricity | الكهرباء |
| environmental pollution | تلوث البيئة |
| ethanol | الإثانول |
| falling prices | الأسعار الهابطة |
| fuel | الوقود |
| futures | العقود الآجلة |
| gasoline | البنزين |
| global reserve | الاحتياطي العالمي |
| hedging | التحوّط |
| imbalance | عدم التوازن |

| | |
|---|---|
| meeting the needs | سد متطلبات |
| natural gas | الغاز الطبيعي |
| nuclear energy | الطاقة النووية |
| oil alternatives | بدائل النفط |
| oil/petroleum | النفط |
| oil refining | تكرير النفط |
| oil supply | إمداد (ج. إمدادات) نفطية |
| price speculation | مضاربة الأسعار |
| renewable energy | الطاقة (ج. الطاقات) المتجددة |
| share | حصة (ج. حصص) |
| swap/barter | المقايضة |
| winds | الرياح |

| | |
|---|---|
| **Islamic Banking** | **الصيرفة الإسلامية** |
| alms | الزكاة |
| applicable law | القانون (ج. القوانين) الساري |
| (religious) banning | تحريم |
| (Islamic) bond market | سوق الصكوك |
| borrowed moneys | الأموال المقترَضة |
| borrower | المُقترض |
| cash advance | سُلفة (ج. سُلف) |
| central bank | المصرف/البنك المركزي |
| checking account | حساب جاري |
| client | العميل (ج. العملاء) |
| cost-plus sale | المُرابحة |
| customer | الزبون (ج. الزبائن) |
| daily transactions | معاملات يومية |
| (bank) deposit | وديعة (ج. ودائع) |
| capital (money) | رأسمال |
| depositing | إيداع |
| depositor | المودع/ة |
| early payoff (of a loan) | التسديد المبكّر |
| equity partnership | المُشاركة |
| financing partnership | المُضارَبة |
| (Islamic) financing/procurement | الاستصناع |
| goods | البضاعة (ج. البضائع) |
| independent religious council | مجلس ديني مستقل |
| installment | قسط (ج. أقساط) |
| interest (amount accrued on money) | الفائدة (ج. الفوائد) |
| intermediary | وسيط (ج. وسطاء) |

| | |
|---|---|
| Islamic forward financing | السّلَم |
| (Islamic) jurisprudent | فقيه (ج. فُقهاء) |
| Islamic leasing | الإجارة |
| liquidity | السيولة |
| loan | قرض (ج. قروض) |
| loan principal | أصل القرض |
| partnership | شراكة |
| profit sharing | المشاركة في الأرباح |
| real estate | العقارات |
| religious edict | فتوى (ج. فتاوى) |
| risk/jeopardy | مخاطرة |
| savings | مُدّخَرات |
| savings account | حساب ادّخار/توفير |
| transparency | شفافية |
| wide popularity | شعبية عريضة |
| usury | ربا |

| | |
|---|---|
| **E-Commerce** | **التجارة الإلكترونية** |
| age group | الفئة العُمرية |
| competitive advantage | ميزة تنافسية |
| consumer protection | حماية المستهلك |
| counterfeiting | التزييف |
| country of origin | بلد المنشأ |
| credit card | بطاقة (ج. بطاقات) إئتمان |
| customs duty | الجمرك (ج. الجمارك) |
| delivery of goods services | خدمات توصيل البضاعة |
| domestic appliances | الأجهزة المنزلية |
| economic yield/return | العائد الاقتصادي |
| fake online merchants | متاجر إلكترونية وهمية |
| fashion designer | مصمم/ة الأزياء |
| fashion houses | بيوت الأزياء |
| fraud | التحايُل |
| equal installments | أقساط متساوية |
| infrastructure | البنية التحتية |
| international commercial brands | العلامات التجارية العالمية |
| local supplier | مزوّد محلي |
| market share | حصة سوقية |
| merging with | الاندماج مع |
| method of payment | طريقة الدفع |
| modest attire | الزي المحتشم |

| | |
|---|---|
| operating costs | التكاليف التشغيلية |
| payment method | وسيلة الدفع |
| piracy | القرصنة |
| product quality | جودة المنتج |
| professional network | شبكة الممتهنين |
| replacement (of a lost or damaged document) | بدل فاقد |
| shipping companies | شركات الشحن |
| social media | وسائل الاتصال الاجتماعي |
| social networks | شبكات الاتصال الاجتماعي |
| storage/storeroom | مخزن (ج. مخازن) |
| swindling | النصب |
| uncommon | غير شائع/ة |
| value added | القيمة المُضافة |
| virtual | افتراضي |

| | |
|---|---|
| **Tourism Sector of the Arab Economy** | **القطاع السياحي في الإقتصاد العربي** |
| archaeological tourism or archeotourism | سياحة الآثار |
| catalysts | العوامل المحفّزة |
| competitive prices | أسعار تنافسية |
| cruise ship tourism | سياحة السفن العائمة |
| ecotourism tourism | السياحة البيئية |
| exhibition and festival tourism | سياحة المعارض والمهرجانات |
| leisure tourism | السياحة الترفيهية |
| long term | طويل الأجل |
| medical tourism | السياحة العلاجية |
| next-in-line after the oil sector | رديف للقطاع النفطي |
| promotion (marketing) | ترويج |
| radical changes | تغييرات جذرية |
| rising tourism sectors | القطاعات السياحية الصاعدة |
| sector sensitive to fluctuations | قطاع حسّاس للتقلبات |
| shopping tourism | سياحة التسوّق |
| social awareness | الوعي الاجتماعي |
| smart hotels | الفنادق الذكية |
| strategic partnerships | الشراكات الاستراتيجية |
| technology boom | الطفرة التكنولوجية |
| unprecedented | غير مسبوقة |
| virtual market | سوق افتراضية |
| wedding tourism | سياحة الأعراس والزواج |

# المراجع وبيان المصادر
# Bibliography and Credits

If a permission is not included here, the author created the text or image. Every effort has been made to identify, credit, and obtain publication rights from copyright holders of illustrations in this book. Notice of any errors or omissions in this regard will be gratefully received, and corrections will be made in any subsequent editions.

**Unit 2**

Chapter opening image: iStock.com/GCShutter
Reading 2: Excerpted from: Adnan al-Jawareen,
"سياسات الهجرة والعمل وأثرها على بطالة المواطنين في دول مجلس التعاون الخليجي"
https://www.researchgate.net/publication/303989645_syasat_almalt_walhjrt_fy_dwl_mjls_altawn_alkhlyjy_wathrha_ly_btalt_almwatnyn
Used with permission.
Reading 3 image: iStock.com/JohnnyGreig
Reading 3: Excerpted from: The Pearl Initiative,
"الشؤون العائلية: ممارسات الحوكمة في الشركات العائلية في دول مجلس التعاون الخليجي" )، ٢٠١٢
http://www.pearlinitiative.org/pi_admin/publications/viewenpdf?filename=article-20170806123045.pdf
Used with permission.

**Unit 3**

Chapter opening image: iStockphoto.com/kreicher
Reading 1: Excerpted from, Belkella Brahim,
"مكانة الدول العربية ضمن خارطة سوق النفط العالمية"
https://www.univ-chlef.dz/RATSH/la_revue_N_10/Article_Revue_Academique_N_10_2013/Science_eco_admin/article_14.PDF
Reading 2 image: iStockphoto.com/PARETO
Case Study image: iStockphoto.com/AlexLMX

**Unit 4**
Chapter opening image: tuahlensa/DepositPhotos.com
Reading 1: Excerpted from:

"مصرفيون: زيادة عدد المصارف الإسلامية الى ٨٠٠ بحلول ٢٠١٥"
https://www.albawaba.com/ar/505688-أعمال/المصارف-الإسلامية-العالم
Used with permission.
Reading 3: image: iStockphoto.com/Ibrahim Jabrin
Reading 3:

"المصرف الإسلامي: مصرف بديل أم مختلف"
https://www.albawaba.com/ar/437330-أعمال/المصرف-الاسلامي
Used with permission.
Case Study:

"راجع البنك المركزي ليشكي "البنك العربي الإسلامي" فأجابوه "الله يعوضك"
http://www.gerasanews.com/article/79805

**Unit 5:**
Chapter opening image: iStockphoto.com/Poike
Reading 1 image: iStockphoto.com/Creativealmages
Reading 2 image: iStockphoto.com/William_Potter
Exercise 15 image: iStock photo.com/ferliStockphoto

**Unit 6:**
Chapter opening image: iStckphoto.com/opulent-images
Reading 1 image: iStockphoto.com/Ivo_Eterovic
Reading 1: From:

"صناعة السياحة في العالم العربي بين الواقع والطموح"
http://www.alfaresmagazine.com/article.php?categoryID=26&articleID=1514
Reading 2: Hazem Belfallah,

"التكنولوجيا ترسم معالم مستقبل السياحة" بقلم يونس بلفلاح
https://www.alaraby.co.uk/supplements/2015/3/10/التكنولوجيا-ترسم-معالم-مستقبل-السياحة
Used with permission.
Reading 3: Hazem Badr,

"السياحة العلاجية العربية . . مورد لم يُحسَن استغلاله"
https://www.scidev.net/mena/enterprise/scidev-net-at-large/Medical-tourism-Arab-countries-unused-resources.html